हजारीप्रसाद द्विवेदी

हजारीप्रसाद द्विवेदी का जन्म श्रावणशुक्ल एकादशी सम्वत् 1964 (1907 ई.) को आरत दुबे का छपरा, ओझवलिया, बलिया, उत्तर प्रदेश में हुआ।

संस्कृत महाविद्यालय, काशी में शिक्षा। 1929 ई. में संस्कृत साहित्य में शास्त्री और 1930 में ज्योतिष विषय लेकर शास्त्राचार्य की उपाधि प्राप्त की।

हिन्दी शिक्षक के रूप में शान्तिनिकेतन में कार्यारम्भ; 1930 से 1950 तक वहीं अध्यापन; 1950 में काशी हिन्दू विश्वविद्यालय में हिन्दी प्राध्यापक और हिन्दी विभागाध्यक्ष; 1960-67 में पंजाब विश्वविद्यालय, चंडीगढ़ में हिन्दी प्राध्यापक और विभागाध्यक्ष; 1967 के बाद पुन: काशी हिन्दू विश्वविद्यालय में; कुछ दिनों तक रैक्टर पद पर भी। राजभाषा आयोग के राष्ट्रपति-मनोनीत सदस्य (1955); जीवन के अन्तिम दिनों में उत्तर प्रदेश हिन्दी संस्थान के उपाध्यक्ष रहे। नागरी प्रचारिणी सभा, काशी के हस्तलेखों की खोज (1952) तथा साहित्य अकादेमी से प्रकाशित 'नेशनल बिब्लियोग्राफी' (1954) के निरीक्षक।

उनकी प्रमुख कृतियाँ हैं—'बाणभट्ट की आत्मकथा', 'चारु चन्द्रलेख', 'अनामदास का पोथा', 'पुनर्नवा' (उपन्यास); 'हिन्दी साहित्य की भूमिका', 'हिन्दी साहित्य : उद्भव और विकास', 'नाथ सम्प्रदाय', 'साहित्य सहचर', 'नाट्यशास्त्र की भारतीय परम्परा और दशरूपक', 'संदेश रासक', 'कालिदास की लालित्य योजना', 'मेघदूत : एक पुरानी कहानी', 'कबीर', 'सूर-साहित्य', 'सहज साधना', 'मध्यकालीन बोध का स्वरूप', 'प्राचीन भारत के कलात्मक विनोद', 'मृत्युंजय रवींद्र' (आलोचना); 'सिक्ख गुरुओं का पुण्य स्मरण', 'महापुरुषों का स्मरण' (स्मरण); 'अशोक के फूल', 'कुटज', 'आलोक-पर्व', 'कल्पलता', 'विचार-प्रवाह', 'मध्यकालीन धर्म-साधना' (निबन्ध); 'हिन्दी भाषा का वृहत् ऐतिहासिक व्याकरण' (व्याकरण); 'हजारीप्रसाद द्विवेदी ग्रंथावली'– 12 खंडों में (सम्पूर्ण रचनाएँ)।

उन्हें लखनऊ विश्वविद्यालय से 'डॉक्टर ऑफ लिट्रेचर' और 'पद्मभूषण' से अलंकृत तथा पश्चिम बंग साहित्य अकादेमी के 'टैगोर पुरस्कार' और 'साहित्य अकादेमी पुरस्कार' से पुरस्कृत किया गया।

निधन : 19 मई, 1979

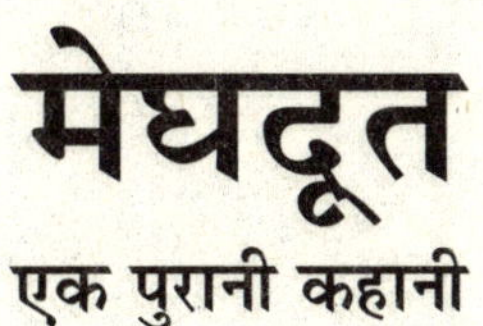

एक पुरानी कहानी

हजारीप्रसाद द्विवेदी

राजकमल पेपरबैक्स

पहला संस्करण 1957 में प्रकाशित

राजकमल पेपरबैक्स में
पहला संस्करण : 2023

राजकमल पेपरबैक्स : उत्कृष्ट साहित्य के जनसुलभ संस्करण

राजकमल प्रकाशन प्रा. लि.
1-बी, नेताजी सुभाष मार्ग, दरियागंज
नई दिल्ली-110 002
द्वारा प्रकाशित

शाखाएँ : अशोक राजपथ, साइंस कॉलेज के सामने, पटना-800 006
पहली मंजिल, दरबारी बिल्डिंग, महात्मा गांधी मार्ग, प्रयागराज-211 001

वेबसाइट : www.rajkamalprakashan.com
ई-मेल : info@rajkamalprakashan.com

विकास कंप्यूटर एंड प्रिंटर्स
ट्रॉनिका सिटी-201 102
द्वारा मुद्रित

मूल्य : ₹250

MEGHDOOT : EK PURANI KAHANI
A Commentary on *Meghdoot* of Kalidas
by Dr. Hajari Prasad Dwivedi

ISBN : 978-81-19835-92-8

निवेदन

आज से तीन वर्ष पूर्व मेरी आँखें बहुत खराब हो गईं। तीन-चार महीने तक असह्य पीड़ा थी और पढ़ना-लिखना तो दूर, दिन में आँख खोलकर ताकना भी मना था। जब पीड़ा की मात्रा कुछ कम हुई तो विश्राम के लिए शान्तिनिकेतन के अपने पुराने आवास में एक महीने के लिए चला गया। दिनभर आँख बन्द किये रहता था, और निश्चेष्ट पड़ा रहता था, पर मन में लिख-पढ़ न सकने के कारण एक प्रकार का विचित्र उद्वेग बना रहता था। एक दिन मेरे मित्र और अग्रज-समान पूज्य पं. निताई विनोद गोस्वामी ने कहा कि आप भी बैठे-बैठे 'मेघदूत' की एक व्याख्या क्यों न लिख दें!

गोस्वामीजी बहुत ही उच्चकोटि के विद्वान् और सहृदय व्यक्ति हैं। उनके इस इंगित ने मुझे प्रेरणा दी। मैंने उनसे कहा कि 'गीता' और 'मेघदूत' हमारे देश के दो विचित्र ग्रंथ हैं। धर्म और अध्यात्म का उपदेश देनेवाला हर एक विद्वान् और आचार्य गीता की एक व्याख्या अवश्य लिख जाता है, और साहित्य-रसिक कवि और सहृदयजन कोई-न-कोई टीका, व्याख्या, कविता या आलोचना 'मेघदूत' के सम्बन्ध में अवश्य लिख जाते हैं। ये दोनों ग्रंथ विश्वनाथजी के मन्दिर के घंटे के समान हैं। हर तीर्थयात्री एक बार इनको अवश्य बजा जाता है।

गोस्वामीजी का सुझाव बिलकुल ठीक था। मुझे 'मेघदूत' पर कुछ

लिखना चाहिए। पाँचों सवारों में नाम लिखाने का इससे सुगम साधन और कोई नहीं है।

इस प्रकार 'मेघदूत' की व्याख्या लिखने की प्रेरणा मिली। एक बुरी आदत यह पड़ गई है कि जब लिखने बैठता हूँ तो दो-चार पुस्तकें अवश्य खोल लेता हूँ : कुछ उद्धरण देने के लिए और कुछ अपनी बात की पुष्टि के लिए प्रमाण संग्रह करने के लिए; परन्तु जब आँखें खराब हों, लिखने-पढ़ने पर सख्त पाबन्दी हो, और पुस्तक माँगने पर मित्रों की ओर से भी डाँट पड़ने की ही आशंका हो, तब उपाय ही क्या है? इसीलिए कोई टीका या व्याख्या लिखना तो सम्भव नहीं था; जो-कुछ लिखा या लिखाया गया, वह 'गप्प' से अधिक की मर्यादा नहीं रखता। इसीलिए मैंने इसका नाम भी दिया—'मेघदूत : एक पुरानी कहानी'।

जो-कुछ लिखा गया, वह निस्सन्देह मूल श्लोकों के आधार पर ही लिखा गया, परन्तु ऐसी बातें भी उसमें आ गई हैं, जो लिखे गए अर्थों की पुष्टि के लिए जोड़ दी गई थीं। बाद में पाद-टिप्पणी में वे मूल श्लोक भी लिख लिये गए, जिनके आधार पर व्याख्या प्रस्तुत की गई थी। ये अंश कलकत्ते के 'नया समाज' में कुछ दिनों तक प्रकाशित होते रहे। शान्ति-निकेतन में पूर्व मेघ का अधिकांश लिख लिया गया था, परन्तु ग्रंथ पूरा नहीं हुआ। मुझे फिर कर्मस्थान पर लौट आना पड़ा और अनेक कामों में उलझ जाना पड़ा। पुस्तक अधूरी ही पड़ी रह गई। लेकिन इस बीच कई सहृदय विद्वानों ने उसे पूरा कर देने का आग्रह किया। मेरे दो प्रिय छात्र—श्री मदनमोहन पांडेय और श्री विश्वनाथप्रसादजी—ने बार-बार आग्रह और तगादा करके और किसी भी समय लिखने को तैयार होकर बाकी अंश भी पूरा करा लिया और इस प्रकार यह कहानी किसी तरह किनारे लगी।

'मेघदूत' अद्भुत काव्य है। अब तक इस पर सैकड़ों व्याख्याएँ लिखी जा चुकी हैं। आधुनिक युग में यह और भी लोकप्रिय हुआ। भारतीय भाषाओं में इसके कई समश्लोकी और पद्यात्मक अनुवाद हुए हैं। आधुनिक

हिन्दी के अन्यतम प्रवर्तक राजा लक्ष्मणसिंह से लेकर इस युग के नवीन विचारवाले युवक कवियों तक ने इसे अपने ढंग से कहने का प्रयत्न किया है। जो भी इसे पढ़ता है, उसे अपने ढंग से इसमें ताजगी दिखाई पड़ती है। क्या कारण हैं? सम्भवत: 'मेघदूत' मनुष्य की चिरनवीन विरह-वेदना और मिलनाकांक्षा का सर्वोत्तम काव्य है। शायद ही कोई काव्य हो जो मनुष्य को इतनी गहराई में आन्दोलित और प्रभावित कर सका हो। ऐसे अद्‌भुत काव्य का इतना लोकप्रिय होना आश्चर्य की बात नहीं है।

मेरी यह व्याख्या कैसी हुई है, इस पर विचार करना मेरा काम नहीं है। 'स्वान्त: सुखाय' बहुत बड़ा शब्द है। परन्तु मैंने जिन दो-चार निबन्धों और पुस्तकों की रचना सचमुच 'स्वान्त: सुखाय' की है, उनमें यह भी एक है। यह जैसी भी है, सहृदयों के कर-कमलों में समर्पित है। उन्हीं का स्नेह पाकर यह धन्य हो सकती है।

काशी, 20.11.57

—हजारीप्रसाद द्विवेदी

क्रम

मेघदूत

एक पुरानी कहानी

कहानी बहुत पुरानी है, किन्तु बार-बार नये सिरे से कही जाती है। अतः एक बार फिर दुहराने में कोई नुकसान नहीं है।

एक यक्ष था : अलकापुरी का निवासी। इस देश और इस काल के निवासियों की दृष्टि से देखा जाए तो वह निहायत गरीब नहीं कहा जा सकता। दूर से ही उसके विशाल महल का तोरण इन्द्रधनुष के समान झलमलाया करता था। मकान की सीमा में ही जो मनोहर वापी उसने बनवाई थी, उसकी सीढ़ियाँ मरकत मणि की शिलाओं से बाँधी गई थीं और उसके भीतर वैडूर्य मणि के स्निग्ध-चिकने-नालों पर मनोहर स्वर्ण-कमल खिले रहते थे। इस वापी के निकट ही इन्द्रनील मणियों से बना हुआ क्रीड़ा-पर्वत था, जिसके चारों ओर कनक-कदली का बेड़ा लगा था। एक माधवी-मंडप का क्रीड़ानिकुंज था, जिसके ठीक मध्य में स्फटिक मणि की चौकी पर कांचनी वासयष्टि थी, जिस पर उस यक्ष का शौकीन पालतू मयूर बैठा करता था—शौकीन इसलिए कि यक्षप्रिया की चूड़ियों की झंकार से ही नाच लेने में उसे रस मिलता था। गरज कि मकान की शान देखकर कोई नहीं कह सकता था कि वह गरीब था। उसके बाहरी द्वार के शाखा-स्तम्भों पर पद्म और शंख थे, जिसका मतलब कुछ विद्वान् यह बताते हैं कि शंख और पद्म तक की सम्पत्ति उसके पास थी और कुछ

विद्वान् इसे उन दिनों के पैसेवालों की महत्त्वाकांक्षा का चिह्न-मात्र मानते हैं। जो भी हो, यक्ष बहुत गरीब नहीं था। कल्पवृक्ष के पास रहनेवालों को धन की क्या कमी हो सकती है भला!

परन्तु निर्धन चाहे न हो, नौकरीपेशा आदमी वह जरूर था। यह तो नहीं मालूम कि वह क्या काम करता था; मगर 'मेघदूत' के टीकाकारों ने जो अनुमान भिड़ाए हैं, उनसे यही पता लगता है कि वह कोई बहुत ऊँचे ओहदे का आदमी नहीं था। कुछ लोग बताते हैं कि यक्षपति कुबेर का माली था। प्रिया के प्रेम में वह निरन्तर ऐसा पगा रहता था कि काम-काज पर बिलकुल ध्यान नहीं देता था। एक दिन इन्द्र का मतवाला हाथी ऐरावत आकर बगीचा उजाड़ गया और इन हजरत को पता भी नहीं चला! कुबेर रईस आदमी थे, फूलों के बड़े शौकीन। उन्हें यक्ष की—बेचारे का नाम किसी ने नहीं बताया—इस हरकत पर क्रोध आया और उसे साल-भर के लिए देश-निकाले की सजा दे दी। दूसरे लोग कहते हैं, कुबेर ने प्रात:काल पूजा के लिए ताजे कमल के फूल लाने के काम पर उसे नियुक्त किया था। पर प्रात:काल उठ सकने में कठिनाई थी और यह प्रमादी सेवक बासी फूल दे आया करता था। जो हो, इतना स्पष्ट लगता है कि नौकरी वह मामूली-सी ही करता था। गफलत कर गया और साल-भर के लिए देश-निकाले का दंडभागी बना। पहली कहानी कुछ अधिक ठीक जान पड़ती है। जरूर ऐरावत ने ही इस बेचारे की दुर्दशा कराई होगी! 'मेघदूत' में ऐसा इशारा भी है।

कुबेर चाहते, तो जुर्माना कर सकते थे। पर वह दंड बेकार होता, क्योंकि कल्पवृक्ष से वह जो चाहता, वही माँग लेता और जुर्माना चुका देता। जेलखाने वहाँ शायद थे ही नहीं। उस नगरी में एकमात्र बन्धन प्रिया का बाहु-पाश था। पर कुबेर ने इस दंड से कोई विशेष फायदा नहीं देखा। असल में देश-निकाले से बढ़कर और कोई दंड उस देश में हो ही नहीं सकता था। मगर यक्ष कुबेर का चाहे जितना भी अदना नौकर क्यों न हो,

था देवयोनि का जीव। निधियाँ उसके अधिकार में थीं, सिद्धियाँ उसके लिए सब-कुछ करने को प्रस्तुत थीं। इसलिए सिर्फ राजादेश से यदि दंड दिया जाता, तो यक्ष कुछ-न-कुछ ऐसा अवश्य कर लेता, जिससे वह अलका के बाहर भी आराम से रह सकता था। हजार हो, देवयोनि में जन्मा था, सो कुबेर ने उसे सजा नहीं दी, शाप दिया। देवता ही देवता को मारना जानता है। लोहा ही लोहे को काट सकता है।

प्रेमजन्य प्रमाद इतिहास में और भी हुए हैं। यक्ष ने जो गफलत की, वैसी ही और भी कई बार की गई है। कहते हैं, खानखाना अब्दुर्रहीम का एक साधारण भृत्य प्रिया-प्रेम में कर्तव्य-बुद्धि से इतना हीन हो गया कि छह महीने तक काम पर ही न गया। गया तो डरता हुआ और जीवन की सबसे कठिन सजा सुनने की आशंका लिये हुए। उसकी प्रिया कविता लिख लेती थी। उसने पुरजे पर एक बरवै छन्द लिख दिया था। इस पर कवि रहीम ने भृत्य का अपराध क्षमा कर दिया था और पुरस्कार भी दिया था। वे मनुष्य थे, पर कुबेर तो देवता थे। मनुष्य क्षमा कर सकता है, देवता नहीं कर सकता। मनुष्य हृदय से लाचार है, देवता नियम का कठोर प्रवर्तयिता है। मनुष्य नियम से विचलित हो जाता है, पर देवता की कुटिल भृकुटि नियम की निरन्तर रखवाली करती है। मनुष्य इसलिए बड़ा होता है कि वह गलती कर सकता है, देवता इसलिए बड़ा है कि वह नियम का नियन्ता है। सो कुबेर ने उसे शाप दे दिया।

उस बेचारे की महिमा कम हो गई। उसका देवत्व जाता रहा। कहाँ जाए, क्या करे? शहर अच्छे नहीं लगते, जंगलों में मन नहीं रमता, जीवन में पहली बार प्रिया का दु:सह वियोग सहना पड़ा। उसने रामगिरि के पवित्र आश्रम में अपनी बस्ती बनाई। बड़े-बड़े घनच्छाय वृक्षों से आश्रम लहलहा रहा था और ठंडे पानी के वे पवित्र सोते यहाँ काफी संख्या में थे, जिनमें जनकनन्दिनी ने न जाने कितनी बार स्नान किया था। विरह की बेचैनी काटने के लिए इससे अच्छा स्थान नहीं चुना जा सकता था। राम से

बड़ा विरही और कौन हो सकता है? और इतना अपार धैर्य और किसमें मिल सकता है? अपने हाथों से राम और सीता ने जो पेड़ लगाए थे, उनकी शीतल छाया से बढ़कर शामक वस्तु और क्या हो सकती है? यक्ष ने बहुत सोच-समझकर, निहायत अक्लमन्दी से यही स्थान चुना—पवित्र, शीतल और शामक।

कश्चित्कान्ताविरहगुरुणा स्वाधिकारात्प्रमत्त:
शापेनास्तंगमितमहिमा वर्षभोग्येण भर्तु:।
यक्षश्चक्रे जनकतनयास्नानपुण्योदकेषु
स्निग्धच्छायातरुषु वसतिं रामगिर्याश्रमेषु॥ 1॥

रामगिरि सरगुजा-रियासत की कोई छोटी-सी पहाड़ी है। एक समतल भूमि पर से यह पहाड़ी उठी है। बहुत ऊँची नहीं है। लेकिन इसके उत्तर की ओर और उत्तर-पूर्व की ओर काफी ऊँची पर्वतमालाएँ हैं। पहाड़ जहाँ थोड़ा समतल होकर नीचे की ओर ढलता है, उस ढलाव को संस्कृत में 'सानु' या 'पर्वत-नितम्ब' कहते हैं। रामगिरि के ढलाव बड़े मनोरम हैं। बेचारा यक्ष आठ महीने तो किसी प्रकार काट गया, पर अचानक आषाढ़ मास की पहली तिथि को रामगिरि के सानु-देश में लगे हुए एक काले मेघ को देखकर व्याकुल हो उठा। वर्षा का सुहावना काल किसे नहीं व्याकुल कर देता! यक्ष बेचारा तो यों ही विरह का मारा था। जब आसमान मेघों से, पृथ्वी जलधारा से, दिशाएँ विद्युल्लताओं से, वन-कुंज पुष्पों से और नदियाँ नवीन जल-राशि से भरती रहती हैं, तो मनुष्य का लाचार हृदय भी अकारण औत्सुक्य से भरने लगता है—जैसे कुछ अनजाना खो गया हो, कुछ अनचीता हो गया हो! विरही यक्ष ने पर्वत के सानु-देश पर सटे हुए काले मेघ को देखा। कैसा देखा? जैसे कोई काला मतवाला हाथी पर्वत के सानु-देश पर ढूँसा मारने का खेल खेल रहा हो! किसी दिन इन्द्र के मतवाले हाथी ने इसी प्रकार ढूँसा मारकर कुबेर का बगीचा बरबाद कर दिया

था। यक्ष का सोने का संसार धूल में मिल गया। वह दुनिया के एक कोने में फेंक दिया गया—प्रिया से दूर—बहुत दूर। आज यह मेघ भी मतवाले हाथी के समान पर्वत के सानु-देश पर ढूँसा मार रहा है। यक्ष का हृदय चंचल हो उठा। उसे अपनी प्रिया का ध्यान आया—तपे हुए सोने के समान वर्ण, छरहरा शरीर, नुकीले दाँत, पके बिम्बफल के समान अधर, चकित हरिणी के समान नेत्र—विधाता की मानो पहली रचना हो! जब उनके पास सब सामग्री पूरी मात्रा में थी, कहीं उन्होंने कृपणता नहीं दिखाई; शोभा की खानि, सौन्दर्य की तरंगिणी, कमनीयता की मूर्ति। हा विधाता, आज फिर यह हाथी आया! क्या अनर्थ करेगा यह? लेकिन यक्ष ने ध्यान से देखा, यह हाथी के समान दिखाई देनेवाला जीव हाथी नहीं है, पहाड़ पर अटका हुआ मेघ है। भीगी हवा के झोंकों से हिल रहा है, आगे बढ़ता है, पीछे हटता है, झूमता है, झमकता है! ना, यह ढूँसा मारनेवाला हाथी नहीं है। यह तो हवा के झोंके से झूमनेवाला मेघ है। विरह से उसका शरीर बहुत जर्जर हो गया था, हाथ में का सुवर्ण कंकण ढीला होकर खिसक गया था, जैसे पतझड़ के मौसम में खड़ा देवदारु का वृक्ष हो—श्रीहीन, पौरुष-हीन! 'अबला' के वियोग में ऐसी निर्बलता भी आ जाती है!

आठ मास बीत गए, पर अब नहीं सहा जाता। प्रिय-वियोग के आठ मास! रामगिरि का कोना-कोना रामप्रेममय जीवन की स्मृतियाँ ताजी करता रहता था। कनक-वलय के भ्रंश होने से मालूम हुआ कि अब शरीर असमर्थ हो गया है। अब नहीं सहा जाएगा और इसी बीच आषाढ़ का प्रथम दिवस, पर्वत के सानु-देश पर ढूँसा मारनेवाले मतवाले हाथी-सा दिखनेवाला यह काला मेघ! हा राम!

> तस्मिन्नद्रौ कतिचिदबलाविप्रयुक्तः स कामी
> नीत्वा मासान्कनकवलयभ्रंशरिक्तप्रकोष्ठः।
> आषाढ़स्य प्रथमदिवसे मेघमाश्लिष्टसानुं।
> वप्रक्रीड़ापरिणतगजप्रेक्षणीयं ददर्श॥ 2॥

विरह का मारा यक्ष मेघ के सामने आकर खड़ा हो गया। मेघ ही तो है! बलिहारी है इस मसृण-मेदुर कान्ति की! राजराज कुबेर के उस हतभाग्य अनुचर की आँखों में आँसू आए और आकर रुक गए। कितनी भक्ति और निष्ठा के साथ उसने मालिक की सेवा की थी और कितने दिनों तक! जरा-सी गलती पर उन्हें क्या उसे ऐसा दंड देना चाहिए था? आज वह इस नील-मेदुर कान्तिवाले मेघ के सामने ऐसा जबदा खड़ा है कि आँसू भी नहीं निकल पा रहे हैं। मेघ को देखकर सुखी लोगों का चित्त भी कुछ और-का-और हो जाता है, विरही तो विरही है। जिनके प्रणयी नजदीक हैं—इतने नजदीक कि गले से गला उलझा हुआ—वे भी व्याकुल हो जाते हैं; फिर उन लोगों की क्या अवस्था होगी, जो प्रिय से दूर हों, जहाँ चिट्ठी-पत्री भी दुर्लभ हो? यक्ष यही सोचता हुआ देर तक मेघ के सामने खड़ा रहा। पर खड़ा क्या हुआ जाता था? उत्कंठा जगानेवाले मेघ के सामने खड़ा होना क्या सहज है? फिर भी वह खड़ा रहा, देर तक खड़ा रहा। उसके हृदय में तूफान आए और गए—पुरानी बातें एक-एक करके उठीं और विलीन हुईं। क्या था, और क्या हो गया! वह 'अन्तर्बाष्प' हो रहा। आँसुओं का पारावार भीतर ही विक्षुभित हो रहा था, बाहर उसका कोई चिह्न नहीं दिखाई दे रहा था, जैसे आँधी आने के पहले थमथमाया हुआ वायुमंडल हो!

तस्य स्थित्वा कथमपि पुरः कौतुकाधानहेतो-
रन्तर्बाष्पश्चिरमनुचरो राजराजस्य दध्यौ।
मेघालोके भवति सुखिनोऽप्यन्यथावृत्तिचेतः
कंठाश्लेषप्रणयिनि जने किं पुनर्दूरसंस्थे॥ 3॥

कैलास पर वर्षा जरा देर से शुरू होती है। मध्यदेश में आषाढ़ की पहली तिथि को ही मेघ दीख गया, किन्तु वहाँ अभी देर है। सावन के महीने में वहाँ झमाझम पानी बरसने लगता है। यक्ष ने व्याकुल भाव से

सोचा कि 'मेरी यह अवस्था है, तो बेचारी उस कोमल बालिका की क्या दशा होगी? सावन के महीने में जब परत-पर-परत के समान सजी हुई मेघमाला से आकाश भर जाएगा, पहाड़ों पर नाचनेवाले मयूर जब हर मेघ-निःस्वन के ताल पर छमाछम नाचते रहेंगे और नीचे धरती कन्दली-पुष्पों से गमगमा उठेगी, तो विरहिणी किधर दृष्टि ले जाएगी? सब ओर केवल हूक पैदा करनेवाले दृश्य होंगे—केवल वेध देनेवाली शोभा!' सावन के महीने को संस्कृत में 'नभस्' कहते हैं। सचमुच ही इस महीने में आसमान धरती पर उतर आता है। क्या होगा उस प्रेम-पुत्तलिका का उस विकराल सावन में? इन दिनों तो वह किसी प्रकार दिन गिन लेती होगी, वीणा बजाकर मन बहला लेती होगी, मुखरा सारिका से प्रिय का नाम सुन लेती होगी, चित्रकर्म में विश्राम पा लेती होगी; किन्तु सावन के महीने में जब एक ही साथ नर्तमान मयूर और परितृप्त चातक की पुकार का, उद्भिन्न-केसर कदम्ब और उद्घाटित-पटला मालती की भीनी-भीनी गन्ध का और सबके ऊपर रिमझिम-रिमझिम बरसनेवाले बादलों की झड़ी का आक्रमण होगा, तो क्या वह धैर्य रख सकेगी? हा विधाता, सावन में यक्षप्रिया कैसे बचेगी!

और सावन के आने में देर ही कितनी है? वह सिर पर आ गया है—बिलकुल प्रत्यासन्न। दयिता—प्रिया—के प्राणों का कुछ अवलम्ब होना चाहिए। कुछ तो करना ही चाहिए। और कुछ नहीं, तो प्रिय का कुशलसंवाद भी मामूली सहारा नहीं होता। परन्तु कौन ले जाएगा यह संवाद? रास्ते में जाने कितनी नदियाँ हैं, कितने पहाड़ हैं, वर्षा का भयंकर मार्गरोधी काल है। बड़े-बड़े राजे भी इन दिनों घर से निकलने की हिम्मत नहीं करते। परिव्राजक जन भी चुपचाप कहीं बैठ रहते हैं। इस दुर्घट काल में कौन सन्देशा ले जाएगा? सावन तक सन्देशा अवश्य पहुँच जाना चाहिए। रामचन्द्र का सन्देशा तो महाबलवान हनूमान ले गए थे, पर यक्ष को ऐसा दूत कहाँ मिलेगा? ना, यह असम्भव बात है। यक्ष ने व्याकुल भाव से सोचा कि कौन कामचारी ऐसा है, जो उसका सन्देशा ले जाए? सन्देशवाहक

के पहले ही मेघ पहुँचा, तो फिर कोई आशा नहीं, प्रिया के प्राण-पखेरू उड़ जाएँगे। फिर कहाँ का सन्देशा और कहाँ का प्रेम! जब सन्देशवाहक के पहले मेघ ही सावन में अलकापुरी में पहुँचेगा, तो क्यों न मेघ को ही सन्देशवाहक बनाया जाए? यक्ष का चेहरा क्षण-भर में खिल उठा। इतनी सीधी-सी बात समझने में इतनी देर लगी! उसने तुरन्त ताजे कुरैया के फूलों को तोड़कर प्रीति-स्निग्ध कंठ से मेघ को भेंट किये—स्वागत है, नवीन जीवन ले आनेवाले प्रेम-वाहक बलाहक! स्वागत है! यह अर्घ्य ग्रहण करो—श्रद्धा और प्रीति का अर्घ्य। स्वागत है, नील मेदुर कान्तिवाले मोहन घनश्याम, स्वागत है!

प्रत्यासन्ने नभसि दयिताजीवितालम्बनार्थी
जीमूतेन स्वकुशलमयीं हारयिष्यन्प्रवृत्तिम्।
स प्रत्यग्रै: कुटजकुसुमै: कल्पितार्घाय तस्मै
प्रीत: प्रीतिप्रमुखवचनं स्वागतं व्याजहार॥ 4॥

लेकिन यह तो पागलपन की हद है! 'घाम-धूम-नीर औ समीरन कौ सन्निपात, ऐसो जड़ मेघ कहा दूत-काज करि है?'—आज तक यह हुआ भी है? धुएँ, प्रकाश, जल और वायु से बना हुआ मेघ कहाँ, और सन्देश ले जानेवाला चतुर सन्देशवाहक कहाँ! यक्ष का दिमाग खराब हो गया क्या? वररुचि ने बताया है कि प्रेमपत्र ले जानेवाले को बहुत सावधान होना चाहिए। उसे हर अवस्था की सुकुमारता का ज्ञान होना चाहिए। हर्षातिरेक से विरही के प्राण-पखेरू उड़ जाते हैं, कभी लम्बी भूमिका से उनका दम घुट जाता है, कभी अनुकूल लोगों की संगति में बैठे हुए विरही शुभ सन्देश के फलस्वरूप कष्ट पाने लगते हैं—हजार बातों का ध्यान रखना होता है। और यह भाग्यहीन यक्ष इस जड़ मेघ को प्रेम-सन्देश का वाहक बनाना चाहता है!

मगर यक्ष को यह सब सोचने की फुरसत नहीं थी। वह कामनाओं से कातर था, औत्सुक्य से आर्त था। 'आरत के चित रहै न चेतू'—वह

होश में नहीं था। ऐसा प्राय: देखा गया है कि प्रेम-वियोग की पीड़ा से जो लोग व्यथित होते हैं, वे चेतन-अचेतन, बड़े-छोटे—सबके सामने दयनीय होकर—कृपण होकर—उपस्थित होते हैं। मानो हर आदमी उनके साथ सहानुभूति ही दिखाएगा! हर ईंट-पत्थर उनकी सहायता ही कर देगा! क्यों ऐसा होता है? क्या प्रेम-दशा में उत्थित व्यक्ति संसार के प्रत्येक जड़-चेतन के भीतर किसी अन्तर्विलीन विराट् चेतना का सन्धान पा जाता है? जरूर पा जाता होगा। यक्ष तो अवश्य पाने में समर्थ हुआ था। उसने मेघ को परम सहानुभूति-सम्पन्न मित्र के रूप में ही देखा; उसने हृदय गला देनेवाला सन्देश भेजा। अत्यन्त विश्वसनीय घनिष्ठ मित्र के सिवा और किसी से यह सन्देश नहीं कहा जा सकता। उसे आप पागल कहें, प्रकृतिकृपण कहें; पर उसने जगत् के भीतर निरन्तर स्पन्दित होनेवाली विराट् चेतना को पहचान लिया था।

धूमज्योति: सलिलमरुतां सन्निपात: क्व मेघ:
सन्देशार्था: क्व पटुकरणै: प्राणिभि: प्रापणीया:।
इत्यौत्सुक्यादपरिगणयन्गुह्यंकस्तं ययाचे
कामार्ता हि प्रकृतिकृपणाश्चेतनाचेतनेषु॥ 5॥

पुरानी कहानी का कथामुख या भूमिका-भाग इतना ही है। आधुनिक पाठक कुछ और जानना चाहेगा। यक्ष उस समय—किस समय? प्रात:काल, दोपहर को या सन्ध्या समय?—किधर मुँह करके बैठा था? मेघ पर्वत के किस किनारे लगा हुआ था? इस सम्बन्ध में कालिदास ने कुछ नहीं बताया। यक्ष का नाम तक तो बताया ही नहीं, फिर अधिक की क्या आशा की जाए? मगर हवा जरूर दक्षिण से आ रही थी और मेघ महाशय भी उत्तर की ओर चलने को प्रस्तुत जान पड़ते हैं। अनुमान किया जा सकता है कि इस यक्ष-जैसा विरही सदा उत्तर की ओर मुँह करके बैठा रहता होगा। उसकी प्रिया उत्तर की ओर ही रहती थी। रामगिरि के दक्षिणी किनारे पर

वह उत्तर की ओर मुँह किये बैठा होगा, उदास और कातर। सामने की किसी चोटी के निम्नतर ढलाव के पास मेघ-रूपी हाथी ढूँसा मारने का खेल खेल रहा होगा। समय कदाचित् सन्ध्या-काल का हो। इसी समय उसके चेतनाचेतनविवेक के ह्रास होने की सबसे अधिक सम्भावना है। कहते हैं, विरही इसी समय सबसे अधिक व्याकुल होता है। और इसी समय वह सहारा ढूँढ़ता फिरता है। इस समय सहारा नहीं मिलने से व्याकुलता पागलपन की सीमा तक पहुँच जाती है। अपभ्रंश के कवि ने एक नवीन विरह की सताई विरहिणी से कहलवाया है कि मैं समझती थी कि प्रिय-विरहिता बालाओं का कोई-न-कोई सायंकाल अवश्य धरहर करनेवाला मिल जाता होगा; पर यह धारणा एकदम गलत साबित हुई। इस समय तो कम्बख्त चाँद भी—जो शीतलता के लिए बहुत प्रसिद्ध है—ऐसा तपता है, जैसा प्रलय-काल में सूर्य तपता है!

मइँ जाणिउँ पिय विरहियहँ, कवि धरु होइ वियालि।
णवर मियंकु वि तह तवइ, जह दिणयरु खय गालि॥

मगर यक्ष इतना अनुभवहीन विरही नहीं था। वह जानता था कि विधाता जब वाम होता है, तो चित्र में भी प्रिय-कल्पना व्यर्थ हो जाती है। स्वप्न में भी मिलन असफल रह जाता है। कोई भी युक्ति काम नहीं करती। फिर भी दिन में उसे कुछ-न-कुछ सहारा मिल जाता था। हरिणी के नयनों में, वृक्षों के अरुण किसलयों में, पद्म के वेधक कोरकों में, प्रियंगु लता की झूमती वल्लरी में प्रिया के किसी-न-किसी अंग का साम्य मिल ही जाता था। यद्यपि उसे इस बात का बड़ा दुःख था कि उसे एक ही जगह सब अंगों का साम्य नहीं मिल पाता। लेकिन जब भाग्य खोटा हो, तो इतना तो सहना ही पड़ता है। सन्ध्या समय जब धीरे-धीरे अन्धकार धरती-तल पर उतरने लगता और सब-कुछ पर घने काले अंजन को पोत देता, तो यह सहारा भी जाता रहता। निश्चय ही उस समय उसका मन सबसे अधिक

उत्क्षिप्त होता होगा। मतवाले काले हाथी-जैसा दिखनेवाला मेघ निश्चय ही सायंकाल दिखा होगा। कालिदास ने कुछ सोचकर ही ये सब बातें नहीं बताईं। वे चाहते, तो सन्ध्या का ऐसा मनोरम चित्र खींच देते कि बस, पढ़ते ही बनता। पर उन्होंने इस पचड़े को छोड़ दिया। जो छूट गया, उसे छूटा ही रहने दिया जाए।

2

स्वागत-वचन बोलने के बाद यक्ष सोचने लगा कि क्या उपाय करूँ कि यह मेघ प्रसन्न होकर मेरा काम कर दे? कुछ ऐसा कहना चाहिए, जिससे पहले ही वाक्य में यह सन्तुष्ट हो जाए। कहीं ऐसा न हो कि प्रथम वाक्य से ही नाराज हो जाए! जिससे काम लेना हो, उसकी थोड़ी खुशामद तो करनी ही चाहिए। प्रिय सत्य के बोलने का आदेश तो शास्त्र ने भी दे रखा है। सबसे बड़ी खुशामद वंश की प्रशंसा है। कम लोग होंगे, जो इस अस्त्र से घायल न हो जाते हों। यक्ष का दिमाग थोड़ा गड़बड़ जरूर हो गया था, लेकिन उसके अन्तर्गूढ़ मानस-भांडार में विचार-श्रृंखला बनी हुई थी। केवल ऊपरी सतह पर आलोड़न का वेग अधिक था, गहराई में विशेष अन्तर नहीं आया था। इसीलिए उसने ठीक ढंग से—शास्त्र-नियमों के बिलकुल अनुकूल रूप में—खुशामद शुरू की। बोला—"भाई मेघ, मैं तुम्हें जानता हूँ, तुम्हारे पुरखों को जानता हूँ। ऐसा कौन होगा, जो पुष्कर और आवर्तक जैसे महान् मेघों को न जानता हो! महाकाल जब अपनी सृष्टि-रचना की क्रीड़ा का उपसंहार करना चाहते हैं, तो कौन उनकी सहायता करता है? कौन अपने प्रलयंकर गर्जनों और धारासार वर्षणों से त्रैलोक्य को विकम्पित कर देता है? सारा संसार पुष्कर और आवर्तक जैसे महान् मेघों की कीर्ति से परिचित है। ऐसे प्रतापी कुल में तुम्हारा जन्म है; तुम इस भुवनविदित वंश में उत्पन्न हुए हो। महान् कुल में महान् लोग ही पैदा होते हैं। शिव की जटा से ही वीरभद्र उत्पन्न हो सकते हैं।

समुद्र से ही कौस्तुभ का जन्म सम्भव है। ऊँचे कुल में ही महान् पुरुष पैदा होते हैं। मैं तुम्हारे वंश को जानता हूँ, और तुम्हें भी जानता हूँ। तुम इन्द्र के प्रकृति-पुरुष हो—पब्लिक-रिलेशंस-ऑफिसर! तुम ही प्रजा-प्रकृति से उनका सम्बन्ध स्थापित करते हो। तुम्हारे ही बल पर इन्द्र की सारी लोकप्रियता है। तुम ऐसे-वैसे अफसर नहीं हो। काम-रूप हो, इच्छानुसार रूप ग्रहण कर सकते हो। जरूरत पड़ने पर भारी पड़ गए, फिर मौका देखकर हल्के बन गए। कभी ऐसा गर्जन किया कि दुनिया काँप उठी, कभी ऐसा बरसे कि संसार पानी-पानी हो गया। तुम्हारी कामरूपता मुझसे अपरिचित नहीं है। जैसा तुम्हारा कुल बड़ा, वैसा ही तुम्हारा काम बड़ा। तुम मानसरोवर के सहस्रदल कमल हो। मैं भाग्य का मारा प्रार्थी हूँ। एक छोटी-सी प्रार्थना लेकर तुम्हारे पास आया हूँ। देखो महान् मेघराज, मैं प्रिय-वियुक्त हूँ। विधाता मुझसे अप्रसन्न है। सब-कुछ सोच-समझकर ही तुम्हारे पास आया हूँ। मेरी प्रार्थना तुम ठुकरा दोगे, तो भी मैं बहुत विचलित नहीं हूँगा। बड़ों के पास याचना करनी चाहिए, अगर सफल नहीं भी हुई, तो अधर्म से की गई सफल प्रार्थना से अच्छी ही रहेगी। मैं दान नहीं, दाता देखता हूँ। महत्त्व की बात यह नहीं है कि क्या मिला। महत्त्व की बात है कि किससे मिला। 'दान तो ना चाइ, चाइजे दाता!' सो महान् मेघ, मैं बहुत दुखी हूँ, बन्धु से—प्रियजन से—दूर।"

जातं वंशे भुवनविदिते पुष्करावर्तकानां
जानामि त्वां प्रकृतिपुरुषं कामरूपं मघोन:।
तेनार्थित्वं त्वयि विधिवशाद्दूरबन्धुर्गतोऽहं।
याञ्चा मोघा वरमधिगुणे नाधमे लब्धकामा॥ 6॥

यक्ष ने यदि प्रिया-विरह से अत्यन्त कातर होकर मानसिक सन्तुलन न खो दिया होता, तो थोड़ी देर रुककर देखता कि महान् मेघराज के चित्त पर प्रभाव क्या पड़ा। पुष्कर और आवर्तक-वंश के कुलदीप ने कुछ समझा

भी या नहीं। परन्तु यक्ष को इतनी फुरसत नहीं थी। फिर इतना शास्त्रशुद्ध युक्ति-तर्क-संगत स्तुति-वाक्य कभी व्यर्थ हो सकता है? जरूर मेघ ने उसकी प्रार्थना सुन ली है। उसने कल्पना के नेत्रों से देखा कि मेघ सावधान हो गया है। उसने ढूँसा मारने की क्रीड़ा छोड़ दी है। शायद सन्ध्या थोड़ी और गाढ़ हो आई थी और भीगी हवा कुछ और आर्द्र होकर स्तब्ध हो गई थी और इसीलिए मेघ की चपलता कम हो गई थी। यक्ष का हृदय गद्‌गद हो गया। विधाता आज बहुत अप्रसन्न नहीं है, मेघ प्रार्थना सुनना चाहता है। मानो प्रसन्न हास्य के साथ पूछ रहा है : 'कहो, क्या कहना चाहते हो, अवहित हूँ।' यक्ष ने कातर भाव से कहा :

सन्तप्तानां त्वमसि शरणं तत्पयोद प्रियाया:
सन्देशं मे हर धनपतिक्रोधविश्लेषितस्य।
गन्तव्या ते वसतिरलका नाम यक्षेश्वराणां
बाह्योद्यानस्थितहरशिरश्चन्द्रिकाधौतहर्म्या॥ 7॥

"हे जलद, तुम सन्तप्त व्यक्तियों को शरण देते हो। मुझसे बड़ा सन्तप्त और कौन होगा? मैं तुम्हारी शरण आया हूँ। देखो, कुबेर के क्रोध से मेरा सत्यानाश हो गया है। मैं अपनी प्राणप्रिया से वियुक्त हो गया हूँ। उसी के पास तुम्हें मेरा सन्देश ले जाना है। यक्षेश्वरों की जो बस्ती अलका है, वहीं वह रहती है। अलका देखने लायक नगरी है। उसमें बड़े-बड़े हर्म्य हैं। 'हर्म्य' समझ गए न? इधर लोग धनिकों के मकान को हर्म्य कहने लगे हैं। लेकिन असली बात यह है कि धनसेठों की घनी अट्टालिकाओं से भरी बस्ती में बहुत कम मकान ऐसे होते हैं, जिनमें घर्म या धूप पहुँच सके। जो बहुत ऊँचे होते हैं, वे ही 'घर्म्य' हो पाते हैं। 'घर्म्य' शब्द ही जरा मुलायम होकर 'हर्म्य' बन गया है। 'हर्म्य' अर्थात् वे ऊँची अट्टालिकाएँ, जिनके ऊपरी तल्ले में अनायास धूप पहुँच जाती हो। अलका में ऐसे हर्म्यों की ठेलमठेल है। और इन हर्म्यों में धूप जो

आती है सो तो आती ही है, इनकी बड़ी भारी विशेषता यह है कि ये नित्य चाँदनी से धुलते रहते हैं। कैसे? नगरी के बाहरी उद्यान में शिवजी रहते हैं और उनके सिर में सदा चन्द्रमा की कला वर्तमान रहती है, उसी से ये धुलते रहते हैं। नहीं प्यारे, तुमने ठीक नहीं समझा। आसमान से जो चाँदनी बरसती है, उससे महल भींज सकते हैं, धुलते नहीं। किन्तु अलका की अट्टालिकाएँ शिव-शिर:स्थिता चन्द्रकला से धुलती रहती हैं। ऊपर से नीचे, नीचे से ऊपर, दाहिने से बाएँ और बाएँ से दाहिने न जाने कितनी बार यह चाँदनी अट्टालिकाओं को अपनी पवित्र तरंगों से धोती रहती है। जानते हो, क्यों? नटराज जब उल्लसित होकर तांडव-लिप्त होते हैं, तो चन्द्रकला को सैकड़ों चारियों में घूमना पड़ता है, बीसियों अंगहारों में विलसित होना पड़ता है और डमरू के ताल-ताल पर जब उनकी चंचल भृकुटियाँ थिरक उठती हैं, तो चन्द्रकला निरन्तर तरंगमाला विकीर्ण करती रहती है। इसीलिए कहता हूँ मित्र, अलका की अट्टालिकाएँ चन्द्र-किरणों से निरन्तर धौत होती रहती हैं।"

यक्ष जानता था और उसे आशंका थी कि कामचारी मेघ भी जानता ही होगा कि संसार में सिर्फ दो नगरियों को यह सौभाग्य प्राप्त है-अलका को और काशी को। दोनों ही धूर्जटि के आनन्द-लोल तांडव से नित्य उल्लसित रहती हैं, दोनों की अट्टालिकाएँ हर-शिरोविहारिणी चन्द्रकला की पवित्र तरंगों से धुलती रहती हैं। परन्तु दोनों में अन्तर भी है। काशी साधकों की पुरी है, अलका सिद्धों की; काशी का साधक ऊपर उठता है, अलका के भोगी लोगों का पुण्य निरन्तर क्षीण होता रहता है; काशी कर्मक्षेत्र है, अलका भोग-क्षेत्र। मेघ कह सकता है कि उसे यदि 'हरशिरश्चन्द्रिकाधौतहर्म्या' नगरी देखनी ही हो, तो वह काशी चला जाएगा, अलका क्यों जाएगा? मर्त्यवासी कर्म के प्रेमी हैं, देवताओं की भोग-भूमि में जाकर वे मूर्ख क्यों बनें? ठीक है, परन्तु काशी के शिव का तांडव आरूढ़ साधक देख पाते हैं, आरुरुक्षु को वह नहीं दीखता, और अलका में यह सब झमेला नहीं

है। इसीलिए वहाँ अनायास ही शिव के तांडव का नयनहारी दृश्य देखना सम्भव है। काशी में बसने की सलाह दी जाती है, अलका में दो-चार दिन के लिए घूमने-फिरने की। इसीलिए यक्ष बिना साँस रोके सब कह गया : “सन्देश ले जाना है तुम्हें (वहीं बस नहीं जाना है), मैं कुबेर के क्रोध का शिकार हूँ, इसलिए यहाँ दीख रहा हूँ (इस पहाड़ का निवासी नहीं हूँ), तुम्हें अलका जाना है (किसी मामूली शहर में नहीं), वहाँ धूर्जटि के अपूर्व तांडव से तांडवमान चन्द्रमरीचियों की अपूर्व तरंगमाला दिखेगी (बिना कठोर साधना के तुम और कहीं यह नहीं पा सकते) और सबसे बढ़कर सन्तापदग्ध विरहिणी को शीतल करना है (जो तुम्हारे जैसे कुलीन का स्वाभाविक धर्म है); सो भाई, देरी मत करो।”

अचानक यक्ष ने देखा कि मेघ के ऊपर तो सिरे पर हल्की-सी बिजली की रेखा थिरक गई! तो क्या मेघ मुस्करा रहा है? क्यों? शायद उसने समझ लिया है कि यक्ष खुशामद कर रहा है, स्वार्थ-सिद्धि के लिए प्रलोभन दिखा रहा है। चाटु-वाक्य और उत्कोच, दोनों का प्रयोग कर रहा है। उसका मन बैठ गया : “गलत समझ रहे हो भाई मेघ, मैं सिर्फ स्वार्थ की बात नहीं कर रहा हूँ। सचमुच तुम उपकारी हो। जब हवा के मार्ग से तुम चल पड़ोगे, तो प्रवासी पतियों की प्रियाएँ बड़े विश्वास के साथ तुम्हें देखेंगी। हाय, हाय, दीर्घ-विरह से उनके केश अस्त-व्यस्त हो गए होंगे। जब दक्षिण-पूर्वी हवा के झोंके के साथ तुम आकाश में जाओगे, तो वे बड़ी आशा लेकर तुम्हारी ओर ताकेंगी। उस समय निश्चय ही उनके बिखरे केश हवा के झोंकों से और भी बिखर जाएँगे, वे उड़कर उनके मुँह पर पड़ने लगेंगे। अहा, कितना करुण होगा वह विलोल-अलक मुखमंडल! अपनी किसलय के समान लाल-लाल कोमल-कोमल अँगुलियों से उन केशों को वे सँभालेंगी और ऊपर की ओर मुख करके तुम्हें आशा के साथ देखेंगी। तुम नहीं जानते प्यारे, कि विरहिणियों के हृदय में तुम आशा का कैसा प्रलयपूर ला दोगे! तुम क्या जानो कि यह आशा व्यर्थ

नहीं है? ऐसा कौन हतभाग्य प्रवासी पति होगा, जो तुम्हारी इस नील-मेदुर कान्ति को देखकर औत्सुक्य-चंचल होकर घर लौटने की न सोचे? निखिल विश्व के कण-कण में नवीन रूप में उत्पन्न होने की जो व्याकुल वेदना है, आकर्षण का जो बन्धन है, उसे तुम नया करते रहते हो। सुप्त प्रेम को जगाने का मोहनमंत्र विधाता ने तुम्हीं को सिखाया है। विरहिणी यदि तुम्हें देखकर आश्वस्त होती है, तो उसका आश्वस्त होना अकारण नहीं है। तुम हवा पर उड़े नहीं कि विरही प्रवासियों की दुनिया में घर पहुँचने की हड़बड़ी जागी नहीं! मेरे जैसा कोई भाग्यहीन पराधीन जन हो, तो बात दूसरी है; नहीं तो कोई भी स्वाधीन विरही भरे आषाढ़ में प्रिया से दूर नहीं रह सकता। इसीलिए कहता हूँ, तुम अन्यथा न समझो। तुम सिर्फ मेरा नहीं, सारी दुनिया का उपकार करोगे।

त्वामारूढं पवनपदवीमुद्गृहीतालकान्ता:
प्रेक्षिष्यन्ते पथिकवनिता: प्रत्ययादाश्वसन्त्य:।
क: सन्नद्धे विरहविधुरां त्वय्युपेक्षेत जायां
न स्यादन्योप्यहमिव जनो य: पराधीनवृति:॥ 8॥

"तो अब देर मत करो। शुभस्य शीघ्रम्। यात्रा का ऐसा सुन्दर क्षण तुम्हें नहीं मिल सकता। मन्द-मन्द चलनेवाली हवा तुम्हारे अनुकूल बह रही है। यह शुभ लक्षण है। बड़े लोग यात्रा करनेवालों को 'शान्त और अनुकूल पवन' पाने का आशीर्वाद दिया करते हैं। कण्व ने अपनी प्यारी कन्या को यात्रा के समय 'शान्तानुकूलपवनश्च शिवश्च पन्था:' कहकर आशीर्वाद दिया था। वह तुम्हें आज अनायास प्राप्त है। कितनी मीठी हवा है, कितनी शान्त, कितनी मन्थर! और तुम्हारे पीछे से वह मन्द-मन्द चल रही है। यही तो शान्तानुकूल पवन है। मगर इतना ही नहीं है। शकुन भी पूर्ण रूप से तुम्हारे अनुकूल है। बाईं ओर पपीहे का आ जाना यों ही बहुत शुभ शकुन है, फिर यह चातक तो तुम्हारा परमप्रिय

सम्बन्धी है। ऐसा प्रेमी दुर्लभ है। मर जाएगा, मगर तुम्हारे सिवा और किसी का जल नहीं ग्रहण करेगा। देखो जरा उसका गर्वीला चेहरा! जान पड़ता है, त्रैलोक्य का राज पा गया है! आज यह सब प्रकार से सगन्ध है, सम्बन्धों के मिलने से प्रसन्न, गर्वयुक्त और प्रिया-मिलन की आशा से उत्पन्न नैसर्गिक सौरभ से मंडित। कैसी मीठी आवाज है इसकी! वाह, आज शुभयात्रा का बड़ा ही मनोहर योग है—शान्त और अनुकूल पवन, वाम भाग में गर्वीले चातक की मधुर ध्वनि और एक और भी चीज जो इस समय तो नहीं दिखाई दे रही है, लेकिन तुम्हारे प्रस्थान करते ही ठीक पीछे से आकर उपस्थित हो जाएगी। बात यह है कि जब तुम आकाश में थोड़ा ऊपर उठोगे, तो बलाकाओं (वक-बालाओं) को स्पष्ट हो जाएगा कि अब उनके गर्भाधान के आनन्दोत्सव का समय आ गया और कतार बाँधकर वे तुम्हारे पीछे-पीछे निकल पड़ेंगी। शायद तुम नहीं जानते कि यह तुम्हारा मसृण-मेदुर रूप कितना सुन्दर है! यह रूप नयन-सुभग है। 'नयन-सुभग' का अर्थ तुमने शायद नहीं समझा। 'सुभग' उस व्यक्ति को कहते हैं, जिसके भीतर स्वाभाविक रूप से वह रंजन गुण रहता है, जिससे सहृदय लोग उसी प्रकार स्वयमेव आकृष्ट होते हैं, जिस प्रकार पुष्प के परिमल से भ्रमर। उसके इस आन्तरिक वशीकरण धर्म को 'सौभाग्य' कहते हैं। विधाता सहृदय को अपने हाथ से जो दस गुण देते हैं, उनमें यह अन्तिम है। अन्तिम भी और श्रेष्ठ भी। (रूपं वर्ण: प्रभा राग: आभिजात्यं विलासिता। लावण्यं लक्षणं छाया सौभाग्यं चेत्यमी गुणा:)। तुम मित्र, हर प्रकार से सुभग हो—नयन-सुभग! तुम्हारा यह रूप क्या छिपाए छिपेगा? एक बार तुम आसमान में उड़ान लो। देखो, जगत् का अशेष प्रीति-भांडार किस प्रकार उद्वेलित हो उठता है! शान्त और अनुकूल पवन, बाईं ओर गर्वीले चातकों की मधुर ध्वनि और पीछे-पीछे आनन्दोल्लास में प्रमत्त बलाकाएँ—आहा, इतने शुभ शकुन एक साथ कहाँ मिलेंगे?"

मन्दं मन्दं नुदति पवनश्चानुकूलो यथा त्वां
वामश्चायं नदति मधुरंचातकस्ते सगन्धः।
गर्भाधानक्षणपरिचयान्नूनमाबद्धमाला:
सेविष्यन्ते नयनसुभगं खे भवन्तं बलाका: ॥9॥

यहाँ आकर यक्ष थोड़ा चुप होकर देखने लगा कि उसके स्तोक-वाक्यों, प्रलोभनों और प्रोत्साहनों का क्या असर हुआ। पवन बहुत हल्की गति से बह रहा था। उपरले सिरे पर जो श्वेत बाष्पों का कुंडलित पटल था, उसमें कुछ हल्की हलचल दिखाई पड़ी। विरही निःशेष जगत् के मनोभाव को समझ लेता है। यक्ष ने भी मेघ के सहानुभूति-सम्पन्न हृदय को समझ लिया। मेघ निस्सन्देह सहायता करने को प्रस्तुत है, पर उसे आशंका है कि इतने व्याकुल प्रेमी की सुकुमार प्रिया क्या अब तक जीवित होगी? अलका तक जाकर अन्त में यदि यही देखना पड़ा कि वह पतिप्राणा चल बसी है, तो यह परिश्रम व्यर्थ हो जाएगा। फिर मान लो, जी ही रही हो, तो यह क्या सम्भव है कि अलका के हरम (हर्म्य) में अपरिचित मेघ महाशय घुस जाएँ और बिना पिटे लौट आएँ? मेघ के मस्तिष्क की इस आशंका को यक्ष ने साफ देख लिया। उसने सोचा कि मेघ को समझा देना चाहिए कि वह व्यर्थ परेशान हो रहा है। इतना भी क्या परेशान होना, बोला : "भाई मेरे, अपनी भौजाई को तुम अवश्य पाओगे। बेचारी दिन गिन रही होगी। वह मरी नहीं है, मर नहीं सकती। परम पतिव्रता है वह! मुझे देखे बिना उसके प्राण निकल ही नहीं सकेंगे। सिर्फ इतना करो दोस्त, कि रुको मत। चले चलो। मेरी बात मानो, वह अवश्य मिलेगी। और तुम तो उसके प्यारे देवर हुए, तुमसे क्या पर्दा हो सकता है भला! तुम्हारी पतिव्रता भौजाई निश्चित रूप से जीवित है। प्रायः रमणियों के फूल के समान प्रेम-परायण हृदय को—जो प्रतिक्षण बिखर जाने की स्थिति में रहता है—आशा का बन्धन बिखर जाने से रोके रहता है। आशा का बन्धन बड़ा कठोर होता है मित्र! तुम्हारी भौजाई भी उसी के बल पर जी रही होगी। उसकी आशा मामूली

आशा नहीं है। पतिव्रता के परम पवित्र विश्वास से वह लालित है। सँझौती के समय दीपक की प्रथम लौ के साथ वह प्रकाशित होती है, प्रदोषकाल में भगवती तुलसी को निवेदित आरात्रिक प्रदीप के साथ नित्य उद्दीप्त होती है और प्रत्यूष-काल के उदीयमान नवभास्कर की रागारुण ज्योति-रश्मियों से नित्य दृढ़ निबद्ध होती रहती है। उसकी एक-एक क्रिया में प्रिय-कल्याण की मंगल-भावना है, प्रत्येक धड़कन में प्रिय के सकुशल आगमन की दिव्य प्रार्थना है, प्रत्येक नि:श्वास में व्याकुल यह विनिवेदन है—'हे भगवान्, वे जहाँ हों, वहीं उनका मंगल हो, मेरा व्रत उनकी रक्षा करे, मेरी पूजा उनका कल्याण करे, मेरा पुण्य उन्हें विजयी बनावे!' पतिव्रता का आशाबन्ध इतना दुर्बल नहीं होता मित्र, कि इतनी जल्दी बिखर जाए। उनमें आत्म-दान का तेज होता है, कठोर संयम की दृढ़ता होती है और अनन्यगामी प्रेम का वज्रलेप होता है। मैं कहता हूँ, मेरी बात पर विश्वास करो, तुम्हारी पतिपरायणा भ्रातृजाया जीवित है। दुर्बल वह अवश्य होगी, दिन गिनते-गिनते उसकी अँगुलियाँ जरूर नखजर्जर हो गई होंगी, परन्तु उसे तुम देखोगे अवश्य!

तां चावश्यं दिवसगणनातत्परामेकपत्नी-
मव्यापन्नामविहतगतिर्द्रक्ष्यसि भ्रातृजायाम्।
आशाबन्ध: कुसुमसदृशं प्रायशो ह्यङ्गनानां
सद्य:पाति प्रणयिहृदयं विप्रयोगे रुणद्धि॥ 10॥

"क्या कहा? साथी कहाँ है? इतनी दूर अकेले कैसे जा सकोगे? बड़े भोले दिखते हो सखे! गुणी लोग अपने गुण से प्राय: अपरिचित होते हैं। पहले ही कह चुका हूँ, तुम सब प्रकार से सुभग हो। तुम्हारे पास प्रेमी मित्र तो अनायास खिंच आएँगे। पुष्प कहीं भौंरों को निमंत्रण देता है? चुम्बक कहीं लोहे को पुकारता फिरता है? समुद्र क्या नदियों की खुशामद करता फिरता है? नहीं, यह सौभाग्यधर्म का स्वाभाविक खिंचाव है। यह जो कण-कण में खिंचाव है, ग्रह-तारा और भू-मंडल में आकर्ष-रश्मियों का महाकर्ष-

जाल बिछा हुआ है, वह सहज आकर्षण की महिमा है सखे! तुम्हारा रूप 'नयन सुभग' है। उसे देखते ही बलाकाएँ उत्सुक हो उठती हैं और तुम्हारा यह गर्जन 'श्रवण-सुभग' है। एक बार इससे वायु-मंडल में हल्का-सा कम्पन होने दो और देखो कि धरती का अशेष मातृत्व किस तेजी से फट पड़ता है। मैं हैरान होकर सोचता हूँ कि कहाँ से शिलीन्ध्रों—कुकुरमुत्तों—की यह विशाल सेना एकाएक जाग उठती है! जरा-सा वायुमंडल तुम्हारे गर्जन से कम्पित हुआ नहीं कि धरती के कण-कण में वेपथु-कम्पन उत्पन्न हो जाते हैं। वह नि:शेष भाव से अपने अन्तरतर की सारी महिमा न जाने किस महा अनजाने को निवेदन करने के लिए व्याकुल हो उठती है। पहले प्रकट होते हैं ये शोभन-शिलीन्द्र—कोमल, अनाडम्बर! सृष्टि के अदनार शैशव के प्रति रूप! तुमको पता भी नहीं कि तुम्हारा श्रवण-सुभग गर्जन किस प्रकार धरती को देखते-देखते उच्छिलीन्ध्र बनाकर उसकी अबन्ध्यता की घोषणा करता है—मानो किसी विराट् चैतन्य की विग्रहवती पुकार हो! मानो विपुल विश्व में व्याप्त चेतना के पुलकोद्गम को जगानेवाला मोहन वाक्य हो! कौन है, जो इस श्रवण-सुभग गर्जन को सुनकर तुम्हारे पीछे दौड़ पड़ने को व्याकुल न होगा? एक बात तो निश्चित है। तुम्हारे इस अकारण व्याकुल बना देनेवाले, अनायास उत्सुक कर देनेवाले—श्रवण-सुभग—गर्जन को सुनकर मानसरोवर जाने को उत्कंठित राजहंस कमलिनी-लता के मृदुल किसलयों का पाथेय लेकर उड़ेंगे और कैलास तक तुम्हारा साथ देंगे। हंसों को तो तुम जानते हो मित्र! कितने व्याकुल हो उठते हैं तुम्हारे गर्जन से! वे उड़ते हैं, उड़ते हैं, उड़ते हैं—अक्लान्त, अश्रान्त! कहाँ जाते हैं? मानसरोवर को! क्यों जाते हैं? हाय-हाय, कहीं तुम उनकी व्याकुल पीड़ा को जान पाते! न जाने कितने युगों से विधाता ने उनके हृदय में यह व्याकुल चांचल्य भर दिया है। नित्य नवीन होते रहने की व्याकुल लालसा। सन्तान-परम्परा में अपने-आपको सुरक्षित रखने की दुर्दम्य वासना! क्यों ऐसा होता है? प्रजापति की सहायता के लिए विधाता ने इतनी मीठी पीड़ा—पुष्प-वाणों की

इतनी निर्मम चोट—क्यों बनाई? कोई नहीं जानता सखे, कोई नहीं जानता कि क्या होगा इस अद्‌भुत सृष्टि-प्रक्रिया का! परन्तु जो हो, तुम निश्चित समझो, राजहंसों का दल तुम्हारा अन्त तक साथ देगा। तुम्हारे श्रवण-सुभग गर्जन से जगी हुई व्याकुल मधुर पीड़ा उन्हें चैन से बैठने नहीं देगी। वे तुरन्त तुम्हारे साथ हो जाएँगे। साथी की क्या कमी है?

कर्तुं यच्च प्रभवति महीमुच्छिलीन्ध्रामवन्धयां
तच्छ्रुत्वा ते श्रवण-सुभगं गर्जितं मानसोत्का: ।
आकैलासाद्बिसकिसलयच्छेदपाथेयवन्त:
सम्पत्स्यन्ते नभसि भवतो राजहंसा: सहाया: ॥ 11 ॥

तो, अब देर मत करो। अपने प्रिय मित्र इस ऊँचे पर्वत को आलिंगन कर लो। इसकी मेखलाएँ लोकपूजित भगवान् रामचन्द्र के पवित्र चरणों से अंकित हैं। यह तुम्हारे सखा होने के योग्य ही है। तुम भी ऊँचे, यह भी ऊँचा। तुम भी पवित्र, यह भी पवित्र। मैं जानता हूँ कि दीर्घ व्यवधान के बाद ही समय-समय पर तुम्हारा और इस महान् पर्वत का मिलन होता है और इसके तप्त शिखरों पर जब तुम्हारी प्रथम वारि-धारा गिरती है, तो इससे उष्ण बाष्प निकलता है। यह उष्ण बाष्प और कुछ नहीं, दीर्घ व्यवधान के बाद मिले हुए मित्र के मिलन से उत्पन्न गर्म आँसू ही हैं। इन उष्ण बाष्पों को त्याग करके तुम्हारा मित्र अपने आन्तरिक प्रेम का ही परिचय देता है। ऐसे मित्र से विदा लेना कष्टकर कर्तव्य है। पर बड़ों को यह सब कष्टकर कर्तव्य-पालन करने ही पड़ते हैं। कितने लोग उत्सुकता के साथ तुम्हारी बाट जोह रहे हैं, कितने लोग तुम्हारी सहायता बिना सूखे जा रहे हैं। चलना तो है ही, विदा तो लेनी ही पड़ेगी। जो होना ही है, उसके लिए अधिक चिन्तित होने से लाभ नहीं। मित्र को आलिंगन करो, विदा लो। समय-समय पर तुम्हारा मिलन तो होता ही रहता है। फिर मिलने का आश्वासन देकर निकल पड़ो।"

आपृच्छस्व प्रियसखममुं तुङ्गमालिंग्यशैलं
वन्द्यैः पुंसां रघुपतिपदैरङ्किकतं मेखलासु।
काले-काले भवति भवतो यस्य संयोगमेत्य
स्नेहव्यक्तिश्चिरविरहजं मुञ्चतो बाष्पमुष्णम्॥ 12॥

3

यक्ष ने ध्यान से देखा, तो स्पष्ट प्रतीत हुआ कि मेघराज सन्देशहर बनने को प्रस्तुत है। उसके घने-चिकने श्यामल शरीर में एकदम अचंचल भाव आ गया था। पानी-पानी होकर गिर पड़ने को उत्सुक बाष्पपुंज का प्रत्येक कण निःस्पन्द हो गया था और निर्मल जलसीकरों के भार से उसका अंग-अंग अवहित मनुष्य की भाँति शान्त-स्तब्ध हो गया था। मेघ इस बार 'जलद' रूप में दिखाई दिया। जल-दान से समस्त जगत् को परितृप्त करने के सामर्थ्य के कारण ही मेघ को 'जलद' कहते हैं। पुंजित धूमराशि को यह नाम नहीं दिया जा सकता—'जलदानेन हि जलदो न हि जलदो पुञ्जितो धूमो'—मेघ जलद है, अपने-आपको दलित द्राक्षा की तरह से निचोड़कर दे डालनेवाला! जिस समय वह परिपूर्ण होता है, उस समय वह समस्त विश्व का है। उसके शरीर का एक-एक कण दूसरों की तृप्ति के लिए है। निःशेष भाव से अपने-आपको दे डालना ही वास्तविक सौन्दर्य है। जलद अपने को निःशेष भाव से देता है, यही तो उसकी शोभा है : 'रिक्तोऽसि यज्जलद सैव तवोत्तमश्रीः।'

परन्तु यक्ष के मन में यहीं एक आशंका हुई। मेघ उन यक्षों की जाति का नहीं है, जो केवल संचय ही करना जानते हैं; यह तो उन क्षणजन्मा मानवों की जाति का है, जो केवल लुटाना ही जानते हैं—दोनों हाथों से लुटाते हैं, लुटाते हैं, लुटाते हैं! ऐसे फक्कड़ों का क्या ठिकाना! अड़े तो अड़ गए, ढले तो ढल गए। मेघ भी उन्हीं मस्त-मौला लोगों की टोली का जीव है। किधर चलने को हुए और किधर निकल गए। दुखी कहाँ

नहीं हैं, सन्तप्त किस दिशा में नहीं मिलते? जिसने दुखियों का दुःख ही दूर करने का व्रत ले रखा हो, उसका कार्यक्रम क्या होगा! ना, मेघ महाशय को रास्ता अवश्य बता देना चाहिए। पता नहीं, ये फक्कड़राम झूमते-झूमते—लस्टम-पस्टम—जब तक अलका पहुँचेंगे तब तक यक्षप्रिया की क्या दुर्दशा हो जाए! दूसरे मेघ पहुँचकर न जाने क्या ऊधम मचा देंगे! यही सोचकर यक्ष ने कहा : "भाई जलद, तुम्हारा व्रत मुझे मालूम है। तुम अपार जल-सम्पत्ति लुटाने के व्रती हो। मगर दोस्त, लुटाने से ही तो लुटाने का व्रत नहीं निभता! कुछ संग्रह भी होना चाहिए। यह मैं मानता हूँ कि संग्रह करने के लिए ओछों के पास नहीं जाना चाहिए। जिससे लिया जाए, वह भी समानधर्मा होना चाहिए—मस्त-मौला, कल की फिकर न रखनेवाला। सो सुनो, तुम्हें ऐसा रास्ता बताए देता हूँ, जो तुम्हारे इस महान् व्रत का सहायक होगा। ऐसा रास्ता, जिससे चलो तो जितना चाहो, लुटाओ और जितना चाहो, फिर भर लो। ऐसी-ऐसी नदियाँ जो बिलकुल तुम्हारी ही तरह फक्कड़, तुम्हारी ही तरह आत्मदान में समर्थ और तुम्हारे एक इशारे पर अपना सर्वस्व तुम्हें दे देने को कटिबद्ध! धन्य हैं ये नदियाँ, जो पवित्र और निर्मल धारा को दिवारात्रि लुटा रही हैं, कभी रुकतीं नहीं, कभी थकतीं नहीं! देखकर तुम्हारी आँखें जुड़ा जाएँगी। और फिर ऐसे पर्वत बताऊँ कि तुम्हें रास्ते में कोई कष्ट ही न हो। लम्बी यात्रा है, तुम उच्च स्तर के यात्री हो, कुछ ऊँचे-ऊँचे पर्वतों का पता नहीं रहेगा, तो कष्ट होगा तुम्हें। इसीलिए पहले मैं तुम्हें उस मार्ग को समझा दूँ जिसमें थक जाने पर विश्राम करने योग्य पर्वत मिलते रहेंगे और जल-सम्पत्ति के चुक जाने पर उसे प्रचुर मात्रा में नदियों से प्राप्त कर सकोगे। सन्देशा बाद में सुनना। वह बड़ा हृदयद्रावक है, उसे तुम्हें अपने कानों से पी जाना पड़ेगा। उस हृदयद्रावक 'श्रवणपेय' सन्देशे को सुनकर क्या तुम एक क्षण भी रुक सकोगे? इसीलिए कहता हूँ, पर्वतों पर विश्राम करते हुए और झरनों का ठंडा पानी पीते हुए उड़ो। कमजोरी और थकान तो अवश्य अनुभव

करोगे। इसीलिए उन शीतल झरनों की बात बताए देता हूँ, जिनका पानी क्लान्त होने पर पी लोगे। इधर-उधर भटक गए, तो सन्देशा ले जाने का कार्य व्यर्थ हो जाएगा। रास्ता अवश्य समझ लो।

मार्गं तावच्छृणु कथयतस्त्वत्प्रयाणानुरूपं
सन्देशं मे तदनु जलद श्रोष्यसि श्रोत्रपेयम्।
खिन्न: खिन्न: शिखरिषु पदं न्यस्य गन्तासि यत्र
क्षीण: क्षीण: परिलघु पय: स्रोतसां चोपभुज्य ॥ 13 ॥

"यहाँ जो यह सरस बेतों का जंगल देख रहे हो—जो मस्ती से झूम रहा है और तुम्हारी फुहारों का आसरा किये बिना ही लहलहा रहा है—यहीं से तुम्हारी यात्रा शुरू होगी। यहाँ से तुम्हें उत्तर की ओर चलना होगा। अभी तो तुम इस पर्वत के सानु-देश पर ही अटके हो, इसके शिखर को पार करने के लिए थोड़ा ऊपर उड़के चक्कर काटना होगा। मेरे दोस्त, रास्ते के विघ्न यहीं से शुरू हो जाएँगे। जानते ही हो कि हिमालय और विन्ध्य पर्वत सिद्धों के संचरण से मोहन और पवित्र बने रहते हैं। जिस समय तुम आसमान में थोड़ा-सा ऊपर उठकर उत्तर की ओर बढ़ने के लिए उड़ान लोगे, उस समय तुम्हारी यह मृदुल-मेदुर छवि देखने ही योग्य होगी। सिद्धों की मुग्धवधुएँ आश्चर्य के साथ ऊपर मुँह करके देखेंगी और चकित होकर सोचेंगी कि कहीं हवा पहाड़ के किसी शिखर को तो उड़ाए नहीं लिये जा रही है! उस चकित-चकित दृष्टि की शोभा का क्या कहना! उनका दोष भी क्या है मित्र? तुम्हारा जब यह जल-भार से भरित श्यामल शरीर आकाश में उठेगा, तो उसकी गुरुता, उच्चता और वर्ण-सौन्दर्य को देखकर मुग्धा वधुएँ पहाड़ की चोटी मान लें, तो इसमें आश्चर्य ही क्या है? मैं ठीक जानता हूँ दोस्त, उन 'बड़री अँखियान' को देखने के बाद तुम्हारा मन वहाँ उलझ जाएगा। लेकिन रुकना मत, और भी उत्साह से आगे बढ़ना। ये सिद्ध-वधुओं की 'चकितहरिणीप्रेक्षणा' आँखें केवल शुभ

यात्रा का निर्देश करेंगी। और भी मोहन, और भी सुन्दर वस्तुएँ आगे तुम्हारे मार्ग में मिलनेवाली हैं!

"लेकिन एक और भी विघ्न है। जिस बेत-वन के ऊपर से उड़ने को कह रहा हूँ, उसे मैं 'निचुल-निकुंज' कहा करता हूँ। इसलिए ही नहीं कि बेत को संस्कृत में 'निचुल' कहते हैं, बल्कि इसलिए कि महाकवि कालिदास के सहृदय मित्र 'निचुल' कवि से इसकी बड़ी समानता है। दोनों ही प्रतिकूल परिस्थितियों में सरस बने रह सके हैं। निचुल कवि विपत्तियों से म्लान नहीं हुआ, दु:खों से कातर नहीं हुआ, प्रतिकूल परिस्थितियों में सूख नहीं गया, सदा प्रसन्न, सदा सरस, सदा मस्त रहा! इस बेत-वन में उसके स्वभाव की झलक मिलती है। परन्तु इसके ऊपर से जब तुम उड़ोगे और उत्तर की ओर बढ़ोगे, तो विन्ध्याटवी के घने जंगलों में पहुँचोगे। पूर्व समुद्र से पश्चिम समुद्र तक फैली हुई विन्ध्याटवी बड़ी विचित्र वनस्थली है। मरीच-पल्लव कुतरते हुए शुकशावकों से मनोहर, कम्पिल्ल तरु को झकझोरते हुए वानर-यूथों से शोभित, जम्बूफलों के आस्वादन से अभिमत्त भल्लूक युवकों से भीषण और मदमत्त विशालकाय हाथियों के संचरण से भयंकर विन्ध्याटवी अपना उपमान आप ही है। रामगिरि के उत्तर के घने जंगलों में विचरण करते हुए पर्वताकार हाथियों को देखकर तुम्हें भ्रम होगा कि बड़े-बड़े दिग्गजों से अध्युसित वनखंड में पहुँच गए हो। इस घने जंगल को मैं 'दिङ्नागवन' कहता हूँ।

"क्यों कहता हूँ, बताऊँ? इन पर्वताकार हाथियों को दिङ्नाग या दिग्गज कहना तो ठीक ही है, परन्तु ये लोग कालिदास के प्रतिस्पर्धी बौद्धपंडित दिङ्नाग से अद्भुत समानता रखते हैं (और इन सरस निचुलों के स्वभाव से उनका पार्थक्य भी बहुत स्पष्ट है)। दिङ्नाग पंडित बड़े शास्त्रार्थी थे। अपने तीक्ष्ण शर के समान वेध देनेवाले तर्क के मारे वे स्वयं परेशान रहते थे। तर्क की आँच से उनकी सारी सहृदयता सूख गई थी। वे कालिदास से भी भिड़ पड़े थे। भला तर्क-कर्कश पंडित और सहृदय रसवर्षी कवि

का क्या मुकाबला! परन्तु दिङ्नाग तो उस गँवार पहलवान की भाँति हर आदमी को ललकारा करते थे, जो सबकी महिमा की परीक्षा पंजा लड़ाकर किया करता था। दिङ्नाग को लोग पंजा लड़ानेवाला ही कहने लगे थे। उन्होंने 'हस्तबल-प्रकरण' या 'मुष्टि-प्रकरण' नामक ग्रंथ लिखा था।—परिहास में कालिदास के अनुयायियों ने 'मुष्टि-प्रकरण' का अर्थ कर लिया : 'पंजा लड़ाने की कला बताने वाला ग्रंथ!' इस प्रकार दिङ्नाग पंडित स्वयं 'हस्तबल' या 'मुष्टिबल' के कायल थे। इधर विन्ध्याटवी के दानवाकार हाथी भी प्रतिस्पर्द्धियों से सूँड़ (या हाथ) उठाकर लड़ पड़ते हैं। अब बताओ, इन दिग्गजों को 'दिङ्नाग' न कहूँ, तो क्या कहूँ? सो, भाई, तुम्हें थोड़ा बचके रहना होगा। दिङ्नाग लोग तुमको निश्चय ही विराट् गजराज समझेंगे। मैंने भी पहले तुम्हें पर्वत-सानु पर ढूँसा मारनेवाला हाथी ही समझा था। इन दिङ्नागों की मोटी सूँड़ से जो तुम उलझे, तो जल्दी छुटकारा नहीं मिलेगा। उसे बचा जाना। मूर्खों से कहाँ तक उलझोगे? 'सरस निचुल निकुंज' से 'दिङ्नागवन' का अन्तर तो समझ ही गए होगे।"

अद्रेः शृंङ्गं हरति पवनः किंस्विदित्युन्मुखीभि-
र्दृष्टोत्साहश्चकितचकितं मुग्धसिद्धाङ्गनाभिः।
स्थानादस्मात्सरसनिचुलादुत्पतोदङ्मुखः खं
दिङ्नागानां पथि परिहरन्स्थूलहस्तावलेपान्॥ 14॥

इतना कहकर यक्ष ने दिङ्नागवन की ओर देखा। क्या देखा? धरती फोड़कर निकला हुआ मनोहर इन्द्रधनुष आसमान के एक किनारे से दूसरे किनारे तक फैल गया था। अहा, शोभा इसी को कहते हैं—ऐसा जान पड़ता था कि नाना रंग के सहस्रों रत्नों की मिलित प्रभा जगमग-जगमग कर रही हो! मानो किसी पतले मुँहवाली बाँबी में संचित मणिराशि से प्रभा की रंग-बिरंगी लहरें ऊपर की ओर एक साथ फिंक रही हों—पतली-सी रंगीन प्रभा-रश्मि! कहीं यक्ष के मित्र इस मेघ के श्यामल मृदुल शरीर पर

इन्द्रधनुष की यह प्रभा पड़ जाती! कितना मनोहर होता उस समय वह श्यामल शरीर! ऐसा जान पड़ता, जैसे गोपाल लाल के साँवले शरीर पर मयूरपिच्छों की प्रभा जगमगा रही हो! मगर असम्भव भी क्या है? मेघ जब निचुल-निकुंज से ऊपर उठकर पश्चिम की ओर उड़ने के लिए चक्कर काटेगा, तो निस्सन्देह इन्द्रधनुष की यह मनोहर शोभा उसे श्यामसुन्दर की कान्ति प्रदान करेगी। उसने गद्गद भाव से कहा : "मित्र, मुझे बिलकुल सन्देह नहीं है कि आज तुम इस इन्द्रधनुष के योग से नटवरनागर की शोभा धारण करोगे। यों ही तुम उपकारी मित्र हो—कृषि का सारा दारमदार तुम्हारे ही ऊपर है—फिर यह मोहन रूप! विश्वास मानो मित्र, जनपद-वधुओं की आँखें तुम्हारे इस सौन्दर्य को पी जाना चाहेंगी। उन वधुओं में शोभा, कान्ति और माधुर्य जैसे सहज अयत्नज अलंकरणों की कमी नहीं मिलेगी, किन्तु उन कृत्रिम विलास-लीलाओं का कहीं पता भी नहीं चलेगा, जो स्त्री के रूप को मादक तो बना देते हैं, पर उसे देवत्व की मर्यादा से च्युत कर देते हैं। स्त्री का रूप संसार की सबसे पवित्र वस्तु है। शोभा, कान्ति और माधुर्य उससे अनायास बरसते रहते हैं और देखनेवाले को शान्ति देते रहते हैं। किन्तु लीला, विलास, विच्छित्ति, मोट्टायित और कुट्टमितभाव देखनेवाले को मत्त बनाते हैं। तुम्हें अमृत मिलेगा, इतना निश्चित है। शराब नहीं मिलेगी, यह भी तय है। उन प्रीतिस्निग्ध नयनों का आदर दुर्लभ वस्तु है मित्र, वह पावन है, निर्मल है, शामक है। तुम्हें थोड़ा पानी वहाँ बरसाना पड़ेगा। शरीर भी हल्का होगा, जी भी हल्का होगा। तत्काल जोती हुई धरती पर जब तुम्हारी फुहारें पड़ेंगी, तो सोंधी-सोंधी गन्ध निकलेगी और पहाड़ की उपरले सतह की समतल भूमि सुगन्धि से भर जाएगी। थोड़ा-सा बरसोगे, तो शरीर हल्का हो जाएगा, चाल में तेजी आ जाएगी। जरा-सा पच्छिम की ओर चलकर जो उत्तर की ओर मुड़ोगे, तो सामने आम्रकूट—अमरकंटक—पर्वत मिलेगा। लेकिन पच्छिम की ओर मुड़ना जरूरी है, नहीं तो रामगिरि के उत्तर के ऊँचे पहाड़ों में अटक जाओगे।"

रत्नच्छायाव्यतिकर इव प्रेक्ष्यमेतत्पुरस्ता-
द्वल्मीकाग्रात्प्रभवति धनु:खण्डमाखण्डलस्य।
येन श्यामं वपुरतितरां कान्तिमापत्स्यते ते
बर्हेणेव स्फुरितरुचिना गोपवेशस्य विष्णो:॥ 15॥

त्वय्यायतं कृषिफलमिति भ्रूविलासानभिज्ञै:
प्रीतिस्निग्धैर्जनपदवधूलोचनै: पीयमान:।
सद्य:सीरोत्कर्षणसुरभि क्षेत्रमारुह्य मालं।
किंचित्पश्चाद्व्रज लघुगतिर्भूय एवोत्तरेण॥ 16॥

यक्ष सोचने लगा : आम्रकूट—अमरकंटक—इधर की पहाड़ियों में सबसे ऊँचा है, उसके चारों ओर ढालू सानु-देश हैं। इसीलिए इसे सानुमान् कहते हैं। संसार में ऐसा पर्वत कदाचित् ही होगा, जिसके चारों किनारों में इस प्रकार की सानुभूमियाँ हों। इस पर्वत के चारों ओर नदियों का बहाव फैला है। मतलब यह कि यह इधर सबसे ऊँचा पर्वत है। जब मेघ अपनी वर्षा से इस पर्वत की वनभूमियों में लगे प्रचंड दावानल को बुझा देगा, तो यह ऊँचा पर्वत उस मार्ग श्रम से क्लान्त उपकारी मित्र को क्या सिर-माथे नहीं लेगा? यह कैसे हो सकता है? क्षुद्र भी अपने उपकारी मित्र से विमुख नहीं होता, फिर आम्रकूट तो आम्रकूट है—ऊँचा, मेघ का ही समानधर्मा। निस्सन्देह। आम्रकूट मेघ को अपने मस्तक पर बैठाएगा। वह भी एक विचित्र बात होगी। इस पर्वत के उपरले शिखरों पर जंगली आमों का गहन वन है—आम्रकूट नाम ही इन आमों के कारण पड़ा है। इनके फल पककर पीले हो जाते हैं और झड़कर वहीं गिरते हैं। उतनी ऊँचाई पर उनका कदरदान भी कौन है! इन पीले आमों के कारण सारा शिखर-देश ऊपर से पांडुवर्ण का दिखाई देता है। सिद्ध और विद्याधर लोग ही ऊपर से इस पांडुर शोभा को देख सकते हैं। मर्त्यवासी उसका रस क्या जानें? अब उस पांडुर शोभा के ऊपर काले मसृण मेघ के उतरने से

अद्भुत शोभा निखर आएगी। कौन देखेगा उस शोभा को? केवल सिद्धों के जोड़े—अमर-मिथुन! कैसी दिखेगी वह शोभा? जिसे मर्त्यवासी देख ही नहीं सकेंगे, उसकी चर्चा भी क्या! लेकिन धरित्री के उद्भिन्न-यौवन मोहन रूप की कल्पना तो की ही जा सकती है। मेघ भी देवयोनि के जीवों के समान ऊपर उड़कर चलता है—समझ तो लेगा ही। इसीलिए मेघ ने प्रेमपूर्ण शब्दों में उसे बता दिया कि कैसी शोभा का गौरव उसे मिलने जा रहा है।

त्वामासारप्रशमितवनोपप्लवं साधु मूर्ध्ना
वक्षत्यध्वश्रमपरिगतं सानुमानाम्रकूट:।
न क्षुद्रोऽपि प्रथमसुकृतापेक्षया संश्रयाय
प्राप्ते मित्रे भवति विमुख: किं पुनर्यस्तथोच्चै: ॥ 17 ॥

छन्नोपान्त: परिणतफलद्योतिभि: काननाम्रै-
स्त्वय्यारूढे शिखरमचल: स्निग्धवेणीसवर्णे।
नूनं यास्यत्यमरमिथुन प्रेक्षणीयामवस्थां
मध्ये श्याम: स्तन इव भुव: शेषविस्तारपाण्डु: ॥ 18 ॥

यक्ष क्षण-भर स्थिर रहकर व्याकुल भाव से सोचने लगा कि आम्रकूट पर्वत के वनचर-वधू-भुक्त निकुंजों में कुछ देर रुककर मेघ उड़ा जा रहा है। उसे याद आई नर्मदा की हरहराती हुई धारा, जो आम्रकूट से छोटे-छोटे सैकड़ों सोतों के रूप में बही हुई है और विन्ध्याचल के ऊबड़-खाबड़ पथरीले—उपल-विषम—मार्ग में छितराकर बहती हुई ऊपर से ऐसी दिखाई दे रही है, जैसे विशालकाय हाथी की पीठ पर झालरदार डोरिया चादर बिछी हो! नर्मदा सचमुच शक्तिशालिनी नदी है। पर्वत-शिखरों को काटती हुई, जामुन के घने जंगलों को चीरकर हरहराती हुई वह अजीब मस्ती से बढ़ती है। हाथियों के तिक्त मद-जल से उसका जल सुवासित है, जामुनों की निरन्तर झड़ती हुई फलराशि से वह और भी मादक हो गई है। मेघ

जा रहा है—बरसता हुआ, गरजता हुआ, कड़कता हुआ। उसके मन में यक्षप्रिया तक शीघ्र पहुँच जाने की उतावली है। वह छककर नर्मदा का मद-जलसिक्त जम्बूफल-सरसित पानी पी लेता है और आगे बढ़ता है—और भी, और भी तेज। ठीक भी तो है, अगर पानी पीकर मेघ भारी न हो ले, तो कौन जाने, हवा का कौन-सा झोंका उसे किधर उड़ा ले जाए! जो खाली होता है, वह हल्का होता है; जो भरा होता है, वह भारी होता है!

स्थित्वा तस्मिन्वनचरवधूभुक्तकुञ्जे मुहुर्तं
तोयोत्सर्गद्रुततरगतिस्तत्परं वर्त्म तीर्णः।
रेवां द्रक्ष्यस्युपलविषमे विन्ध्यपादे विशीर्णां
भक्तिच्छेदैरिव विरचितां भूतिमङ्गे गजस्य॥ 19॥

तस्यास्तिक्तैर्वनगजमदैर्वासितं वान्तवृष्टि-
र्जम्बूकुञ्जप्रतिहतरयं तोयमादाय गच्छेः।
अन्तःसारं घन तुलयितुं नानिलः शक्ष्यति त्वां
रिक्तः सर्वो भवति हि लघुः पूर्णता गौरवाय॥ 20॥

यक्ष कल्पना की आँखों से देख रहा है कि मेघ भी ठीक ही जा रहा है। रास्ता भूलने का प्रश्न ही नहीं है। अर्द्धोद्गत केसरों से हरित-कपिश बने हुए कदम्ब-कुसुमों को चाव के साथ निहारनेवाले भौंरे, कछारों में प्रथम मुकुलित कन्दली की मुलायम डीभियों को सतृष्ण भाव से ढूँगते हुए हिरन और दावाग्नि से झुलसी हुई वन-भूमि से प्रथम वृष्टि के कारण निकली हुई सोंधी गन्ध को सूँघकर मस्त बने हुए हाथी उसे राह बताते जा रहे हैं। वह बढ़ा जा रहा है, चिन्तित है, व्याकुल है, पर्वतों के कुटज-पुष्प से सुरभित शिखरों पर वह विश्राम अवश्य करता है, पर नाम मात्र के लिए। वह तेजी से उड़ता जा रहा है—शुक्ल अपांगों और सजल नयनों से मयूर उसका स्वागत करते हैं, पर मेघ उनकी भी माया काट जाता है। वह और आगे बढ़ता है। जिधर

जाता है, उधर ही खेत लहलहा उठते हैं, उपवन चहक उठते हैं, जनमंडली उल्लास-चंचल हो उठती है। मेघ सबको तृप्त करके, सबको प्रसन्न करके आगे बढ़ता है। देखते-देखते दशार्ण देश आ जाता है। दशार्ण देश, जहाँ मेघ के निकट आते ही पुष्पवाटिकाओं के बेड़े में लगे हुए नुकीली बाल के समान पांडुर पुष्पोंवाले केवड़ों से वनभूमि पीली होकर चमक उठती है, पक्षियों के नीड़ारम्भ के उद्योग से गाँव के पेड़ चहचहा उठते हैं, और दूर देश से आते हुए हंस कुछ दिनों के लिए रुक जाते हैं। मेघ बढ़ा जा रहा है।

रामगिरि से दशार्ण तक मेघ लम्बी उड़ान भरता है। यक्ष सोचता है : यों ही क्या यह दशार्ण को भी पार कर जाएगा? विन्ध्याटवी की मस्तानी नदी वेत्रवती, जो चट्टानों को तोड़कर हरहराती हुई बह रही है, की चंचल तरंगें लीलावती की विलास-लीलाओं का अनुकरण करती हैं। क्या मेघ इस दीर्घ-विरहिता प्रिया को भी छोड़ जाएगा? "ना मेरे दोस्त, यह गलती न करना। विदिशा (भेलसा) के पास इस अल्हड़ प्रेयसी को देखना तो जरा मृदु गर्जना कर देना, उसका चेहरा खिल जाएगा, उसकी लहरों में विभ्रमवती नायिका के भृकुटितर्जन की-सी विलास-लीला खेल उठेगी। तुम झुकके उसका अधरामृत अवश्य पी लेना। ऐसी भी क्या जल्दी है! विरह का मारा हूँ, तो क्या दूसरों की विरह-वेदना को समझने में भी गलती कर सकता हूँ? विन्ध्य के उपल-विषम मार्ग में निरन्तर दौड़ती हुई, दूर तक फैले हुए वनफलों की झाड़ियों को दरेरती हुई, गिरती हुई, टूटती हुई, उठती हुई और फिर भी आगे बढ़ती हुई वेत्रवती की शोभा उपेक्षणीय नहीं है। हाय, वह कैसा सत्यानाशी प्रेम है, जो इस प्रकार कठोर साधना कराता है! वहाँ तुम्हारी सारी सहृदयता को चुनौती मिलेगी। गलती न करना दोस्त!

नीपं दृष्ट्वा हरितकपिशं केसरैरर्धरूढै-
राविर्भूतप्रथममुकुलाः कन्दलीश्चानुकच्छम्।
जग्ध्वारण्येष्वधिकसुरभिं गन्धमाघ्राय चोर्व्याः
सारङ्गास्ते जललवमुचः सूचयिष्यन्ति मार्गम्॥ 21॥

उत्पश्यामि द्रुतमपि सखे मत्प्रियार्थं यियासो:
कालक्षेपं ककुभसुरभौ पर्वते पर्वते ते।
शुक्लापाङ्गै: सजलनयनै: स्वागतीकृत्य केका:
प्रत्युद्यात: कथमपि भवान्गन्तुमाशु व्यवस्येत्॥ 22॥

पाण्डुच्छायोपवनवृतप: केतकै: सूचिभिन्नै-
र्नीडारम्भैर्गृहबलिभुजामाकुलग्रामचैत्या:।
त्वय्यासन्ने परिणतफलश्यामजम्बूवनान्ता:
संपत्स्यन्ते कतिपयदिनस्थायिहंसा दशार्णा:॥ 23॥

4

"देखो मित्र, दशार्ण देश जितना ही सुन्दर है, उतना ही शानदार भी। इसकी राजधानी विदिशा नगरी दिगन्त तक में ख्याति प्राप्त कर चुकी है। पश्चिमी समुद्र-तट की ओर जानेवाले यात्री विदिशा होते हुए जाते हैं और फिर दक्षिण-पश्चिम के व्यापारी जब पूर्वोत्तर किनारे पर और सुदूर प्रतिष्ठान, श्रावस्ती, कोसल और पाञ्चाल की यात्रा करते हैं, तो उन्हें विदिशा अवश्य आना पड़ता है। दुर्दान्त हैहयवंशी राजाओं के काल से ही इस नगरी की कीर्ति दिग्-दिगन्त में व्याप्त हो गई है। मौर्य नरपतियों ने जिन तीक्ष्ण-धार तलवारों के बल पर अपने साम्राज्य का विस्तार किया था, वे विदिशा में ही बनती थीं। महाराज अशोक की प्रिय महिषी इसी नगरी के आसपास कहीं रहती थीं। यद्यपि राजधानी के रूप में आज इस नगरी का महत्त्व क्षीण हो गया है, तथापि जनता के हृदय में उसे अब भी वही सम्मान प्राप्त है। शुंग-राजाओं के अश्वमेध, राजसूय और वाजपेय यज्ञों ने जन-चित्त को इतना आन्दोलित किया था कि सैकड़ों वर्षों के राज्यों के उत्थान-पतन के बाद भी जनता पुष्यमित्र और अग्निमित्र को ही चक्रवर्ती राजा मानती आ रही है। जनता का यह मानना उचित भी है। यवन-राजा आन्तलिकित ने

भी विदिशा का लोहा माना था। उसका राजदूत हेलिओडोरस जिस दिन गरुड़ध्वज के साथ प्रचुर उपायन लेकर राजाधिराज भागभद्र के दरबार में उपस्थित हुआ था, उस दिन दशार्ण के जन-समुद्र में मानो ज्वार आ गया था। पौरजानपदों के उस उल्लास ने शृंग-सेनाओं की विराट् जय-ध्वनि में मिलकर सिन्धु-तट के उस पार की म्लेच्छ-वाहिनी को चकित-कम्पित कर डाला था। विदिशा के विष्णुमन्दिर में हेलिओडोरस द्वारा स्थापित गरुड़ध्वज आज भी दशार्णवासियों के चित्त में गर्व का संचार करता है। बेतवा और चम्बल नदियों के संगम पर दूर तक फैली हुई विदिशा नगरी चक्रवर्ती राजा के अभाव में भी राजधानी कहलाने का गौरव प्राप्त करती है। उसके एक-एक कण में दशार्ण का स्वाभिमान मुखर हो रहा है। वेत्रवती के तट पर दूर-दूर तक फैले हुए श्रेष्ठिचत्वर और नागरक-सौध आज भी विदिशा की कीति देश-देशान्तर में फैलाते रहते हैं। विदिशा में श्री और समृद्धि तो आज भी है, किन्तु राजधानी न होने के कारण और बाहरी आक्रमण के आतंक से परित्राण पाने की चिन्ता न होने के कारण संयम नहीं रह गया है। यहाँ के लोगों में विलासिता तो बढ़ गई है, लेकिन दशार्ण जनपद के सीधे-सादे और तेजस्वी जनपदवासियों के समान आत्म-गौरव और पौरुष-दर्प का भाव नहीं रह गया है। मित्र, तुम सहृदय हो; विदिशा के पौरजन और दशार्ण के जानपद जनों में इन दिनों जो विषम मानसिक व्यवधान आ गया है, उसे समझने में तुम्हें देर नहीं लगेगी। विदिशा में दायित्वहीन विलासिता आ गई है, जो कामुकता का ही नामान्तर है। विदिशा के नागरक सौन्दर्य का नहीं, कामुकता का उपभोग करते हैं। इसलिए विदिशा की हवा से बचना ही उचित है। दो-चार दिन से अधिक टिकना अच्छा नहीं। तुम मनचले बटोही हो, अगर वहाँ के राग-रंग में उलझ गए, तो मेरा काम हो चुका! मैंने पहले ही तुमको बताया है कि दशार्ण देश में हंस थोड़े ही दिन रहते हैं। जो नीर-क्षीर का भेद समझ सकता है, वह विदिशा के आसपास देर तक नहीं टिक सकता। तुम्हारे लिए भी प्रलोभन

है। वेत्रवती की चंचल तरंगें विलासवती नायिका के भ्रू-भंग की तरह तुम्हें अवश्य आकर्षित करेगी। जिस समय तुम इस वेत्रवती के स्वादु जल का पान करोगे, उस समय निस्सन्देह भ्रू-भंगविलासदक्षा छायावती नायिका के अधर-पान का सुख पाओगे। किन्तु मित्र, उलझ न जाना। वेत्रवती के तट-प्रान्त पर तुम्हारा जो मन्द-मन्द गर्जन होगा, वह निस्सन्देह उस नदी की चंचल तरंगों में और भी चंचलता ला देगा। तुम्हारा रूप नयन-सुभग है और तुम्हारा गर्जन कर्ण-सुभग। दोनों ही अनायास प्रेमिक जनों को इस प्रकार अकारण उत्सुक बना देते हैं, जिस प्रकार वसन्त काल का पुष्पित सहकार भ्रमरावली को अनायास चंचल और उत्कंठित बना देता है। तुम्हारे इस नयन-सुभग रूप और श्रवण-सुभग गर्जन का मोहक आकर्षण बचाकर निकल जाए, ऐसी तरुणी कहाँ मिलेगी? निस्सन्देह वेत्रवती के तरंग-चंचल हृदय की उपेक्षा अनुचित होगी और तुम्हारे जैसे सहृदय से इसकी आशा भी नहीं करनी चाहिए। परन्तु फिर भी मित्र, ज्यादा न उलझना। आखिर 'वेत्रवती' प्रिया से सावधान न रहोगे, तो किस दिन क्या आ बीते, कौन कह सकता है! इसीलिए थोड़ा-सा रुककर और थोड़ा-सा झुककर उस बिब्बोकवती के 'सभ्रू-भंग' मुख का रस लेकर आगे बढ़ जाना।

तेषां दिक्षु प्रथितविदिशालक्षणां राजधानी
गत्वा सद्यः फलमविफलं कामुकत्वस्य लब्धा।
तीरोपान्तस्तनितसुभगं पास्यसि स्वादु यस्मा-
त्सभ्रूभङ्गं मुखमिव पयो वेत्रवत्याश्चलोर्मि॥ 24॥

"विश्राम ही करना हो, तो तुम्हें जगह बताए देता हूँ। लेकिन विदिशा में तो हर्गिज न रुकना। अपने सरस हृदय का दुरुपयोग न कर बैठना।

"इस विदिशा नगरी के समीप ही निचली पहाड़ी नाम की एक छोटी-सी पहाड़ी है। केवल नाम से नीची नहीं है, आजकल काम से भी नीची हो गई है। जिन दिनों विदिशा अपने असह्य प्रताप के तेज से सिन्धु-पार के

दुर्दान्त नरपतियों को म्लान और दग्ध बनाया करती थी, उन दिनों निचली पहाड़ी सम्भ्रान्त नागर-जनों के वन-यात्रा और सरस्वती-विहार का काम करती थी। देश-देशान्तर से आए हुए गुणी-जन इस पहाड़ की छोटी-छोटी सजाई हुई कन्दराओं में, शिलावेश्मों में निवास करते थे; शास्त्रार्थ-विचार, काव्य-गोष्ठी, अक्षर-च्युतक, विन्दुमती, प्रहेलिका आदि मनोविनोदों के साथ-साथ लाव, तित्तिर और मेष के युद्ध का आयोजन होता था। मल्ल-विद्या और शस्त्र-प्रतियोगिता का आह्वान होता था, पटह-निनाद के साथ काँस्य-कोशी और झर्झर यंत्रों की मादक ध्वनि में व्यायाम-कौशल का प्रदर्शन होता था, और अनेक करणों और अंगहारों के सूक्ष्म अभिनयों से नागर-जनों की शूरता और सुकुमारता की परीक्षा होती थी। उन दिनों निचली पहाड़ियों में आयोजित उत्सवों और शोभा-यात्राओं से दशार्ण की जनता बलदृप्त पौरुष के गौरव से अभिभूत हो जाती थी। आज अवस्था बदल गई है। निचली पहाड़ी की प्राकृतिक शोभा आज भी ज्यों-की-त्यों है। दूर तक फैली हुई कदम्ब और कुटज की पंक्तियाँ, वन-पवन और बदरी-गुल्मों की छोटी-छोटी झाड़ियाँ और अयत्नवर्द्धित करवीर, कोविदार और आरग्वध वृक्षों की उलझी हुई अरण्यानी निचली पहाड़ी की नयनाभिराम शोभा को आज भी समृद्ध कर रही है। यद्यपि आज प्रशस्त वीथियों पर जंगली पौधे उग आए हैं और सरस्वती-विहार के प्रांगण में वन्य-बदरियों के झाड़ खड़े हो गए हैं, तथापि निचली पहाड़ी की कन्दराएँ आज भी जगमगाती रहती हैं। अब वे गुणियों का आश्रयस्थल न रहकर मनचले नागरिकों के प्रच्छन्न विलास की अभिसार-भूमियाँ बन गई हैं। उन कन्दराओं का भाग्य भी विचित्र है, वे आज चरित्र-भ्रष्ट नागरकों और पण्य-रमणियों के उद्दाम विलास की गवाही देती रहती हैं। यहाँ ये कन्दराएँ उच्छृंखल विलासिता के लिए उपयोग में आनेवाली मादक हाला की गन्ध उगलती रहती हैं। यह गन्ध पण्य-विलासिनियों के श्रम-जल-सिक्त अंगराग के उत्कट परिमल से और भी विस्रगन्धी हो उठती है। मित्र, मैं

जब कन्दराओं या शिलावेश्मों को परिमलोद्गारि (गन्ध को उगलनेवाला) कहता हूँ, तो कवियों की तरह लाक्षणिक भाषा का प्रयोग नहीं करता। इन्हें सचमुच ही वमन करनेवाला मानता हूँ। जिस प्रेम में केवल विलासिता और नग्न कामुकता का ही बोलबाला हो, वह अस्वस्थ मनोदशा की ही उपज है। उसमें प्रयुक्त होनेवाले समस्त सौगन्धिक द्रव्य मानव-चित्त के कलुष विकारों से सिक्त होकर विकृत हो जाते हैं। निचली पहाड़ी में विदिशा की नग्न कामवासना उच्छृंखल नृत्य करती है। मनुष्य के भीतर विधाता ने जिस अद्भुत गुणोंवाले यौवन को प्रतिष्ठित किया है, जो चित्त में अपूर्व औदार्य और आत्मदान का सामर्थ्य उद्बुद्ध करता रहता है, उसे निचली पहाड़ी की कन्दराओं में पानी की तरह बहाया जा रहा है। मेरे सहृदय मित्र, वेत्रवती का रसपान करके तुम जब निचली पहाड़ी के ऊपर से उड़ोगे, तो यह देखकर प्रसन्न होगे कि पवन ने तुम्हारे आगमन का सन्देशा पहले से ही वहाँ पहुँचा रखा है और कदम्ब के फूलों से वनस्थली नीचे से ऊपर तक लहक उठी है। तुम देखोगे कि तुम्हारे सम्पर्क से इन उद्गत-केसर कदम्बपुष्पों के रूप में वनस्थली ही रोमांचित हो उठी है। आगमिष्यत्पतिका सुन्दरी की भाँति इस प्रतीक्षा-कातरा वनस्थली को देखकर निस्सन्देह तुम भी रोमांच-कंटकित हो उठोगे। परन्तु हवा के झोंकों के साथ ऊपर उठी हुई परिमलोद्गार की भभक तुम्हें व्याकुल भी करेगी। एक तरफ वनस्थली का निसर्गसुकुमार प्रेम और दूसरी तरफ प्रच्छन्न कामुकों के कृत्रिम विलास से तुम्हारी मनोदशा विचित्र हो उठेगी। मैं कहता हूँ मित्र, तुम नीचे उतर आना, कदम्बों की मूक अभ्यर्थना से तुम पुलकित होओगे और पण्य विलासिनियों के परिमलोद्गार की भभक से तुम्हारी रक्षा होगी। शिलावेश्मों के उद्दाम यौवन-विलास से निचली पहाड़ी सचमुच 'निचली' हो गई है। परन्तु तुम्हें वहाँ निश्छल अनुराग की शोभा अवश्य देखने को मिलेगी। वहाँ तुम नीचे आकर कदम्ब-वन की छाया में विश्राम कर सकते हो।

नीचैराख्यं गिरिमधिवसेस्तत्र विश्रामहेतो-
स्त्वत्संपर्कात्पुलकितमिव प्रौढपुष्पै: कदम्बे:।
य: पण्यस्त्रीरतिपरिमलोद्गारिभिर्नागराणा-
मुद्दामानि प्रथयति शिलावेश्मभिर्यौवनानि ॥ 25 ॥

"वहाँ विश्राम करके तुम आगे बढ़ना। एक रात्रि के विश्राम से तुम बहुत-कुछ जान जाओगे। तुम समझ सकोगे कि जो सम्पत्ति परिश्रम से नहीं अर्जित की जाती, और जिसके संरक्षण के लिए मनुष्य का रक्त पसीने में नहीं बदलता, वह केवल कुत्सित रुचि को प्रश्रय देती है। सात्त्विक सौन्दर्य वहाँ है, जहाँ चोटी का पसीना एड़ी तक आता है और नित्य समस्त विकारों को धोता रहता है। पसीना बड़ा पावक तत्त्व है मित्र! जहाँ इसकी धारा रुद्ध हो जाती है, वहाँ कलुष और विकार जमकर खड़े हो जाते हैं। विदिशा के प्रच्छन्न विलासियों में यह पावनकारी तत्त्व नहीं है। वहाँ पुरुष और स्त्री भद्दी काम-वासना के शिकार हैं। उनके चेहरों में सात्त्विक तेज और उल्लसित करनेवाली दीप्ति नहीं रह गई है। निश्चित रूप से तुम एक ही रात में हाँफ उठोगे, फिर भी मैं तुम्हें सलाह देता हूँ कि विश्राम करके आगे बढ़ना; क्योंकि प्रात:काल निचली पहाड़ी के इर्द-गिर्द तुमको मनुष्य की सात्त्विक शोभा दिखाई देगी। वहाँ सबेरे सूर्योदय के साथ-ही-साथ तुम श्रम-जल-स्नात नारियों की दिव्य शोभा देख सकोगे। नागरक लोगों के आनन्द और विलास के लिए कृषकों ने फूलों के अनेक बगीचे लगा रखे हैं। प्रात:काल कृषक-वधुएँ फूल चुनने के लिए इन पुष्पोद्यानों में आ जाती हैं। उस प्रदेश में इन्हें 'पुष्पलावी' कहते हैं। 'पुष्पलावी' अर्थात् फूल चुननेवाली। ये पुष्पलावियाँ घर का काम-काज समाप्त करके उद्यानों में आ जाती हैं और मध्याह्न तक फूल चुनती रहती हैं। सूर्य के ताप से इनका मुखमंडल म्लान हो उठता है, गण्डस्थल से पसीने की धारा बह चलती है। और इस स्वेद-धारा के निरन्तर संस्पर्श से उनके कानों के आभरण-रूप में विराजमान नील-कमल मलिन हो उठते हैं। दिन-भर की तपस्या के बाद

वे इतना कमा लेती हैं कि किसी प्रकार उनकी जीवन-यात्रा चल सके। परन्तु तुमको यहीं सात्त्विक सौन्दर्य के दर्शन होंगे। उनके दीप्त मुखमंडल पर शालीनता का तेज देखोगे; उनकी भ्रू-भंगविलास से अपरिचित आँखों में सच्ची लज्जा के भार का दर्शन पाओगे और उनके उत्फुल्ल अधरों पर स्थिर भाव से विराजमान पवित्र स्मित-रेखा को देखकर तुम समझ सकोगे कि 'शुचि-स्मिता' किसे कहते हैं। इस पवित्र सौन्दर्य को देखकर तुम निचली पहाड़ी की उद्दाम और उन्मत्त विलास-लीला को भूल जाओगे। वहाँ तुम संचय का विकार देखोगे और यहाँ आत्मदान का सहज रूप। तुम स्वयं आत्मदानी हो; तुम जो-कुछ भी संचय करते हो, दोनों हाथों से लुटाते जाते हो। लुटाए जाओ मित्र, यही जीवन की सार्थकता है। वन में और नदी-तीर पर उत्पन्न उद्यानों के यूथिका-जाल को भी जल-कणों से सिंचित करना और कुछ देर के लिए 'पुष्पलावियों के क्लान्त मुखों को अपनी शीतल छाया से स्निग्ध करना भी न भूलना। तुम्हारी ठंडी छाया के पड़ते ही वे क्षण-भर के लिए तुम्हारी ओर देखेंगी और तुम धन्य हो जाओगे। कहाँ मिलती है मित्र, पवित्र आँखों की आनन्दस्निग्ध दृष्टि! यह क्षण-भर का परिचय तुम्हारे लिए बहुत बड़ी निधि होगा। इसलिए कहता हूँ कि स्वेदधारा के संस्पर्श से मलिन कर्णोत्पलवाले पवित्र मुखों को छाया देना न भूलना! यद्यपि यह परिचय तुम्हारा क्षणिक ही होगा, लेकिन इस एक क्षण का भी बड़ा महत्त्व है।

"कहते हैं, एक बार देवराज इन्द्र को भी इस पवित्र दृष्टि का आश्रय लेना पड़ा था। कहा जाता है कि दक्ष-यज्ञ में देवराज ने ऋषि-पत्नियों को कुदृष्टि से देखा था। ऋषियों के शाप से उनका शरीर विकृत हो गया, और स्वर्गलोक की राजलक्ष्मी स्वर्ग छोड़कर अन्यत्र चलने को प्रस्तुत हो गई। बृहस्पति ने देवराज इन्द्र को इसका कारण बताया और कहा, 'तुम मर्त्यलोक में भ्रमण करो। यदि किसी पतिव्रता की दृष्टि तुम पर पड़ जाएगी, तो तुम्हारा शरीर और मन निष्कलुष हो जाएगा, और राजलक्ष्मी लौट

आएगी।' देवताओं के राजा इन्द्र मर्त्यलोक भ्रमण करते रहे, पर वांछित सौभाग्य उन्हें नहीं प्राप्त हुआ। अन्त में उन्होंने मेघ को वाहन बनाया और इन्हीं क्षेत्रों में जिन दिनों उड़ रहे थे, उन्हीं दिनों किसी श्रमकातरा पतिव्रता पुष्पलावी की दृष्टि उनके ऊपर पड़ी और उनके सारे कलुष धुल गए।

विश्रान्त: सन्व्रज वननदीतीरजालानि सिञ्च-
न्नुद्यानानां नवजलकणैर्यूथिकाजालकानि।
गण्डस्वेदापनयनरुजाक्लान्तकर्णोत्पलानां
छायादानात्क्षणपरिचित: पुष्पलावीमुखानाम्॥ 26॥

"मित्र, मेरी अभिलाषा है कि तुम उज्जयिनी होते हुए जाओ। रास्ता टेढ़ा अवश्य है; उत्तर की ओर जाने के लिए तुम चाहो तो सीधे उड़कर जा सकते हो, परन्तु तुम उज्जयिनी को न छोड़ना। रास्ता टेढ़ा है तो क्या हुआ, महान् उद्देश्यों के लिए थोड़ी कठिनाई भी आ जाए, तो हिचकना नहीं चाहिए। यह उज्जयिनी बड़ी महिमामयी नगरी है। पुराकाल में ब्रह्मा से वरदान प्राप्त कर त्रिपुर नामक महाअसुर ऐसा दुर्दान्त हो गया था कि समस्त यज्ञ-याग बन्द हो गए थे और देवता लोग त्राहि-त्राहि कर उठे थे। उस समय उज्जयिनी के समीपवर्ती महाकाल-वन में देवता और शास्त्रों की रक्षा के लिए भगवान शंकर ने कठोर तपश्चर्या से देवी को प्रसन्न करके महापाशुपत अस्त्र प्राप्त किया था, जिससे उन्होंने त्रिपुर को तीन खंडों में विध्वंस करने का सामर्थ्य पाया था। इसी जीत के कारण इस पुरी का नाम उज्जयिनी पड़ी। यह वह पुरी है जिसमें देवी ने शिव को अपने कृपा-कटाक्ष के प्रसाद से शक्तिशाली बनाया था। उज्जयिनी वस्तुत: प्रसन्न-रूपा देवी की ही छाया है। उत्तर-दिशा को जाने के लिए उज्जयिनी होते हुए जाना उचित ही है। तुम जिस 'उत्तर' दिशा में प्रस्थान कर रहे हो, उसमें पर्वत-कन्या के रूप में देवी ने शिव का प्रसाद पाना चाहा था।

"वहाँ देवी की तपस्या से शिव प्रसन्न हुए थे। परन्तु उज्जयिनी की कहानी बिलकुल उलटी है। शिव ने तो देवी की तपस्या से प्रसन्न होकर पुष्पधन्वा देवता को भस्म किया था, परन्तु देवी की प्रसन्नता से शिव को जो महास्त्र प्राप्त हुआ, उससे उन्होंने त्रैलोक्य-कंटक महाअसुर का विनाश किया था। दोनों प्रसादों का अन्तर तुम सहज ही समझ सकते हो। त्रिपुरसुन्दरी का प्रसन्न-दक्षिण मुख कल्याणकारिणी तेजोराशि को निरन्तर शक्ति-सम्पन्न किया करता है। विरहाग्नि की आँच से झुलसा हुआ मेरा हृदय आज व्याकुल-भाव से इस सत्य की उपलब्धि कर रहा है।

"शिव का शक्ति को प्रसन्न करना टेढ़ा मार्ग है। निस्सन्देह वह टेढ़ा है। प्रत्येक पिंड में शक्ति शिव को और शिव शक्ति को प्रसन्न करने के लिए तपोनिरत हैं। मैं मानता हूँ मित्र, कि अन्तरतर में जो ज्वाला जल रही है, वह विराट् विश्व में व्याप्त शिव और शक्ति की अनादि-अनन्त लीला से भिन्न नहीं है। वहीं विराट् लीला कण-कण में, रूप-रूप में स्फुरित हो रही है। मनुष्य-शरीर में षट्चक्रों को भेदकर जो शक्ति का 'उत्जयन' है अर्थात् जो ऊपर की ओर जीतने की अभिलाषा से गमन है, वह भी टेढ़ा है। पिंडवासिनी देवी 'षट्चक्रवक्रासना' है। 'उज्जयिनी' उसी उर्ध्व-गामिनी अभिसार-यात्रा का प्रतीक है। योगी केवल एकमुख अभिसार की ही बात जानता है। परन्तु यह खंड-सत्य है सखे! उज्जयिनी का इतिहास बताता है कि शिव भी देवी का हृदय जय करने के लिए उतने ही उत्सुक और उतने ही चंचल हैं। जिस प्रकार नीचे से ऊपर की ओर अभिसार-यात्रा की चेष्टा चल रही है, उसी प्रकार ऊपर से नीचे की ओर भी अवतरण हो रहा है। योगी एक ही को देख पाता है, भक्त दोनों को देखता है। इसी वक्रता में सहज भाव है। सहज बनने के लिए कठिन आयास करना पड़ता है मित्र! सीधी लकीर खींचना सचमुच टेढ़ा काम है। इसीलिए कहता हूँ, रास्ता टेढ़ा है तो होने दो, लेकिन उज्जयिनी जाओ अवश्य। उज्जयिनी के ऊँचे-ऊँचे महलों के कँगूरों से टकराने में तुम्हें रस मिलेगा। किसी

जमाने में नगर के बड़े-बड़े रईसों के मकान सुधा-चूर्ण यानी चूने से पोते जाते थे, इसीलिए उन्हें 'सौध' कहा जाता था। उन दिनों ये श्वेत भवन दिन में सूर्य की किरणों से चमककर और रात में चन्द्रिका की धवल धारा में स्नान कर दूर से ही दिखाई देते थे। परन्तु उज्जयिनी में आजकल सुधा-चूर्ण से पुते हुए भवनों का कोई महत्त्व नहीं रह गया है। एक-दो हों, तो दूर से देखने-दिखाने का प्रयास किया जाए। वहाँ तो सैकड़ों भवन हैं, एक-से-एक विशाल! शाल और अर्जुन के वृक्ष इस उज्जयिनी को घेरकर दूर तक इस प्रकार शोभित हो रहे हैं, जैसे श्वेत चादर ओढ़े हुए शाल-प्रांशु सैनिक खड़े हों! तिलक, अशोक, अरिष्ट, पुन्नाग और वकुल वृक्षों की घनच्छाया-पंक्तियाँ उज्जयिनी के चारों ओर दिन में भी रात्रि की शोभा उत्पन्न करती रहती हैं।

"उज्जयिनी के ऊपर उड़ोगे, तो तुम्हें सावधान होकर उड़ना होगा। ऊँचे-ऊँचे वृक्षों से टकरा जाने की आशंका पद-पद पर रहेगी, परन्तु वृक्षों की चोटी अगर बचा भी जाओ, तो भी उज्जयिनी के उन रंगीन महलों के कँगूरों से बच नहीं पाओगे। अब भी लोग उपचारवश इन गगनचुम्बी रंगीन अट्टालिकाओं को 'सौध' ही कहते रहे हैं; परन्तु विदिशा के सौधों को देखकर उनकी ऊँचाई के बारे में गलत धारणा न बना लेना। तुम्हें टकराना तो पड़ेगा ही। लेकिन बुरा क्या है? उज्जयिनी के सौध भी प्रेम की मर्यादा समझते हैं। तुम्हारे जैसे सहृदयों के लिए उनकी गोद खुली हुई है। वे अपनी विशाल ऊर्ध्वगामी भुजाओं से तुम्हें चिर-परिचित प्रेमी की तरह गले लगाएँगे। इसीलिए इन विशाल सौधों के ऊपरी हिस्से को उत्संग समझकर तुम प्रीतिपूर्वक विश्राम करना। इनके उत्संग के प्रणय से तुम विमुख मत हो जाना। फिर एक बड़ा लाभ भी है। तुम्हारे हृदय में निरन्तर विराजमान जो विद्युतप्रिया है, वह इन सौधों से टकराने पर अवश्य चमक उठेगी। उस समय विद्युत् की चमक से उज्जयिनी नगरी की सुन्दरियाँ त्रस्त-चकित होकर तुम्हारी ओर चंचल कटाक्ष निक्षेप करेंगी। मैं कहता हूँ दोस्त, इन

चंचल कटाक्षों का रस यदि तुम नहीं ले सके, यदि उसमें तुम रम नहीं सके, तो तुम्हारा जनम अकारथ है। तुम सचमुच ही वंचित रह जाओगे। एक क्षण के लिए सोचो तो भला, देवी के कृपा-कटाक्षों से संसार कितने बड़े अनर्थ से निवृत्ति पा सका था! उज्जयिनी की पौर-ललनाओं की दृष्टि में त्रिपुर-सुन्दरी के उसी प्रसन्न कृपा-कटाक्ष की छाया है। विपुल ब्रह्मांड में व्याप्त त्रिपुर-सुन्दरी का त्रैलोक्य-मनोज्ञ रूप उज्जयिनी की पौर-ललनाओं में नहीं देख सके, तो कहाँ देखोगे? इसीलिए मेरा प्रस्ताव है कि कठिनाई की चिन्ता किये बिना तुम उज्जयिनी अवश्य जाओ, और वहाँ के विशाल भवनों के उत्संग में बैठकर उज्जयिनी की पौर-ललनाओं के लीला-कटाक्ष का रस अवश्य अनुभव करो।

वक्रः पन्था यदपि भवतः प्रस्थितस्योत्तराशां
सौधोत्सङ्गप्रणयविमुखो मा स्म भूरुज्जयिन्याः।
विद्युद्दामस्फुरितचकितस्तत्र पौराङ्गनानां।
लोलापाङ्गैर्यदि न रमसे लौचनैर्वञ्चितोऽसि॥ 27॥

"रास्ते में तुम्हें क्षीण-धारा निर्विन्ध्या नदी मिलेगी। नदियाँ तुम्हारे वियोग से क्षीण हो जाती हैं। निर्विन्ध्या की यह क्षीणता तो विशेष रूप से उल्लेख्य है। उस वियोगिनी की दशा यदि तुम चुपचाप जाकर देख सको, तो ठीक-ठीक समझ सकोगे। लेकिन यह होने का नहीं। तुमसे पहले तुम्हारे स्पर्श से शीतल बनी वायु तुम्हारे आगमन का सन्देशा पहुँचा देगी। दीर्घ प्रतीक्षा के बाद निर्विन्ध्या के भाग जगेंगे। उसके क्षीण शरीर की शोभा प्रसन्नता की आवेगचटुल तरंगों के रूप में बिखर उठेगी। तुम्हारे स्पर्श से शीतल बनी वायु जब निर्विन्ध्या की चटुल तरंगों में और भी चंचलता ला देगी, तो तरंगों के ऊपर विस्त्रब्ध भाव से खेलते हुए पक्षी सिमटकर एक पंक्ति में आ जाएँगे; और अकारण उत्सुकता से मुखर हो उठेंगे। मैं कल्पना की आँख से देख रहा हूँ सखे, निर्विन्ध्या की लोल तरंगों पर एक ही पंक्ति

में बैठकर उछलती हुई और क्रेङ्कार ध्वनि से दिङ्मंडल को गुँजाती हुई बलाका-पंक्ति ऐसी मनोहर मालूम होगी, जैसे विरहविधुरा निर्विन्ध्या के कटिदेश पर चाँदी की करधनी झंकृत हो रही हो! इस वीचिक्षोभ-वश स्तनित विहगश्रेणी की काँची को धारण करनेवाली निर्विन्ध्या की शोभा मेरे मन और प्राण को व्याकुल किये हुए है। वायु तुम्हारा सन्देश लेकर जिस प्रकार निर्विन्ध्या को तरंग विक्षोभ में चंचल कर देगी, ठीक उसी प्रकार मेरा सन्देश लेकर जब तुम मेरी प्रिया के पास पहुँचोगे, तो उसके हृदय में भी इसी प्रकार आवेग-चटुल तरंगें हिल्लोलित हो उठेंगी। मैं कल्पना की आँखों से प्रत्यक्ष देख रहा हूँ कि तुम्हारे आगमन के संवाद से निर्विन्ध्या की गति स्खलित होकर नयनाभिराम हो उठी है। उसके पैर धरती पर नहीं पड़ रहे हैं। तुम मौजी जीव हो, बुरा न मानना; विरही की आँखों से कभी तुमने उत्कंठा-कातर प्रिया का स्खलित-सुभग गमन देखा नहीं। निर्विन्ध्या की स्खलित गति का अनुमान करके मेरा हृदय कातर हो उठा है। प्रेम जब उद्वेल हो उठता है, जब वह हृदय में अँटाए नहीं अँटता, तभी इस प्रकार की स्खलित गति दिखाई देती है। मेरे मित्र, तुम उत्कंठा के इस दुर्वार आवेग की छटा छक के देखना। निर्विन्ध्या की तरंगें तुम्हें विरह-कातरा वधू की नाभि के समान गम्भीर-मनोहर दिखाई देंगी। मेरा हृदय कहता है कि यह आवर्त-माला तुम्हें आकृष्ट करने का संकेत है। परम लज्जावती वधू के मुख से आमंत्रण की पुकार सुनने की आशा न रखना। क्षण-भर के लिए तुम झुककर उस लज्जावती की अभ्यर्थना अवश्य कर लेना। नारी—तत्रापि प्रेम-विह्वला नारी—महामाया की निषेधरूपा प्रकृति का प्रतिनिधित्व करती है। वह अपने को निश्शेष भाव से लुटा देने में चरितार्थता अनुभव करती है। उसके विभ्रमों में ही प्रणय की कातर प्रार्थना छिपी रहती है। निर्विन्ध्या से अधिक विभ्रमवती नायिका तुम्हें कहाँ मिलेगी? इसीलिए मेरा अनुरोध है कि एक बार उसकी प्रणय-कातर प्रार्थना को अवश्य स्वीकार करना। निर्विन्ध्या सचमुच विरहिणी नायिका है। विरहिणी की एक वेणी की भाँति

उसकी क्षीण-धारा बहुत ही पतली हो गई होगी। किनारे के वृक्षों से गिरे हुए जीर्ण पत्तों से ढककर वह उसी प्रकार पीली पड़ गई होगी, जिस प्रकार मानवी विरहिणी विरह-व्यथा से पीली पड़ जाती है। हे सुभग, वह इस विरहावस्था के द्वारा तुम्हारे सौभाग्य की सूचना देती होगी। कुछ ऐसा उपाय करना कि इस बेचारी का विरह-दौर्बल्य दूर होवे।

वीचिक्षोभस्तनितविहगश्रेणिकाञ्चीगुणाया:
संसर्पन्त्या: स्खलितसुभगं दर्शितावर्तनाभे:।
निर्विन्ध्याया: पथि भव रसाभ्यन्तर: सन्निपत्य
स्त्रीणामाद्यं प्रणयवचनं विभ्रमो हि प्रियेषु॥ 28॥

वेणीभूतप्रतनुसलिलासावतीतस्य सिन्धु:
पाण्डुच्छाया तटरुहतरुभ्रंशिभिर्जीर्णपर्णै:
सौभाग्यं ते सुभग विरहावस्थया व्यज्जयन्ती
कार्श्यं येन त्यजति विधिना स त्वयैवोपपाद्य:॥ 29॥

5

"इसके बाद अवन्तिका। निर्विन्ध्या नदी को सुख देकर तुम अवन्ति-जनपद में उपस्थित होगे। उस अवन्ति-देश में उपस्थित होगे, जिसके गाँव के बड़े-बूढ़े आज भी उदयन और वासवदत्ता की कहानियाँ सुनाया करते हैं। इस ललित उपाख्यान में शौर्य, प्रीति और प्रेमोन्माद का अद्भुत नाटकोचित उतार-चढ़ाव है। वासवदत्ता और उदयन के प्रथम रोषोत्क्षिप्त चित्त का संघर्ष और उसकी पृष्ठभूमि में हृदय को द्रवित कर देनेवाली स्निग्ध चितवनों का आदान-प्रदान ग्राम-तरुणों के चित्त में कुशल कवि द्वारा निबद्ध नाटक के परस्पर-विरुद्ध जानेवाले संवेगों के संघर्ष से पैदा हुए झटके की गुदगुदी पैदा कर देता है। इस अवन्ति-देश में कहा जाता है कि देवता, तीर्थ, औषध और प्राणी कल्पान्त काल में सुरक्षित रहते हैं। समस्त जगत् जब महाप्रलय

का शिकार हो जाता है, तो भी भविष्यत् कल्प के लिए बीजभूत सामग्री इसमें सुरक्षित रह जाती है। यहाँ समस्त तत्त्व-ग्राम को निश्शेष भाव से कवलित करके शयन करनेवाली महामाया की श्वास-प्रक्रिया नित्य जाग्रत रहती है। इसीलिए अवन्ति-देश 'कवली-कृत नि:शेषतत्त्व-ग्रामस्वरूपिणी' महामाया की मानो नासिका है। इस देश में आकर तुम विशाला नामक उज्जयिनीपुरी को देखोगे। विशाला उज्जयिनी का दूसरा नाम है। यह नगरी सब प्रकार से विशाल है। शोभा, सम्पत्ति और शालीनता यहाँ विग्रहवती होकर वास करती हैं, इसीलिए मैं इसे 'श्रीविशाला विशाला' कहता हूँ। मेरा ऐसा विचार है कि स्वर्ग में अपने पुण्यों का फल भोगनेवाले कृतीजन पुण्य समाप्त होने के पहले ही स्वर्ग के कान्तिमान् खंड को लेकर यहाँ आ बसे हैं। इसीलिए मैंने तुम्हें पहले ही बतलाया है कि उज्जयिनी भोगक्षेत्र है; काशी की भाँति वह कर्मक्षेत्र नहीं है। दीर्घकाल के पुण्यों का फल भोगने के लिए लोग यहाँ आ जाते हैं।"

प्राप्यावन्तीनुदयनकथाकोविदग्रामवृद्धा-
न्पूर्वोद्दिष्टामनुसर पुरीं श्रीविशालां विशालाम्।
स्वल्पीभूते सुचरितफले स्वर्गिणां गां गतानां
शेषै: पुण्यैर्हृतमिव दिव: कान्तिमत्खण्डमेकम्॥ 30॥

एक क्षण के लिए यक्ष का चेहरा खिल उठा। अलका और उज्जयिनी, दोनों में कितना साम्य है! दोनों ही परम पुण्यों के भोग के लिए बनी हैं, फिर भी अलका देव-योनि के लोगों के लिए है और उज्जयिनी मानव-योनि के। अलका भाग्योपार्जित समृद्धि का निवासस्थान है और उज्जयिनी बाहु-बलार्जित लक्ष्मी की क्रीड़ा-भूमि। देव-योनि की बस्ती अलका पुण्यकर्मा व्यक्तियों की सिद्धि है, तो उज्जयिनी यतमान मनुष्यों की साधना-भूमि है। मेघ यदि उज्जयिनी होते हुए जाएगा, तो अलका का संक्षिप्त रूप देख लेगा, और उन समस्त विलासों से परिचित हो जाएगा, जो पुण्यपुर के

भोक्ताओं को अनायास प्राप्त हो जाते हैं। उज्जयिनी में शिप्रा की लोल तरंगों से सिक्त प्रत्यूषकालीन वायु क्लमविनोदन का सामर्थ्य भर देती है, जिस प्रकार अलका में मन्दाकिनी के निर्झर-सीकरों से शीतल बनी प्राभातिक वायु। एक क्षण के लिए यक्ष के शरीर में पुलक-कम्प का अनुभव हुआ। उसे वे सौभाग्यवती रात्रियाँ स्मरण हो आईं, जिनमें प्रियासहचर होकर उसने प्रणय-सुख का अनुभव किया था। उसे याद आया कि सारी रात के जागरखेद को निर्झर-सीकरों से सिक्त प्राभातिक वायु किस प्रकार अपनोदन कर दिया करती थी, और अशिथिल परिरम्भ-क्रिया द्वारा आयोजित संवाहन-सुख को किस प्रकार आनन्दसमुज्ज्वल बना दिया करती थी। उसने कल्पना की दृष्टि से शिप्रा की तरंगों से धौत मन्द-मन्द-संचारी प्रत्यूषकालिक प्राभातिक वायु में यह क्लान्तिहर भाव देखा। उसने कल्पना की आँखों से देखा कि प्रभातकाल में शिप्रा के तटों पर सारसगण उन्मत्त कूजन से तटप्रदेश को मुखरित किये हुए हैं और प्राभातिक वायु उनकी इस आनन्दध्वनि को उज्जयिनी के सौध-वातायनों के मार्ग से घसीटती हुई नागरजनों के विश्रामकक्ष तक पहुँचा रही है। यक्ष ने उन्मत्त भाव से अनुभव किया कि यह वायु का झोंका, जो सारसों के आनन्दकूजन को वहन करके रसिक दम्पतियों के विश्राम-कक्ष तक पहुँचा रहा है, खुशामदी प्रियतम से किसी अंश में कम नहीं है। आखिर चाटुकारिता में लीन प्रियतम भी तो अर्थहीन बातों से ही प्रिया की अंग-ग्लानि को दूर करना चाहता है। दोनों में अन्तर ही क्या है? फिर प्रात:कालीन विकसित कमलों की सुगन्धि से यह वायु उसी प्रकार भिदी होती रहती होगी, जिस प्रकार प्रियतम का शरीर आश्लेषलग्न विभिन्न अंगरागों से गन्धमय हुआ रहता है। क्षण-भर में यक्ष की आँखों के सामने पुरानी अनुभूतियाँ साकार हो गईं। वायु तो कोई जीवन्त प्राणी नहीं है। उसमें भिदी हुई सुगन्ध और बँधी हुई आनन्द-ध्वनि में प्रियतम की प्रार्थना-चाटुकारिता का आरोप कैसे किया जा सकता है? मनुष्य के अपने ही चित्त में जो राग है, जो उत्कंठा है, उसी को वह चराचर में व्याप्त

करके देखता है। कहाँ प्राभातिक वायु और कहाँ प्रिया का चित्त-विनोदन करनेवाला प्रेमी! फिर भी यक्ष ने सारसों की उन्मद ध्वनि को वहन करनेवाले और प्रत्यूषकालीन विकसित कमलों की सुगन्धि को ढोनेवाले शिप्रा-वात में प्रियतम की ललक का आभास पाया। क्या इससे यह सिद्ध नहीं होता कि बाह्य-जगत् को मनुष्य जैसा देखना चाहता है, वह वैसा ही देखता है? हमारे सामने जो कुछ व्यक्त है, वह हमारी लालसाओं के रंग में रँगा हुआ है। क्या यह लालसा निर्मूल है? क्या इसके द्वारा अग-जग में व्याप्त विराट् एक की अनुभूति का आभास नहीं मिलता? मनुष्य के चित्त में निश्चय ही प्रच्छन्न रूप से व्याप्त विराट् चैतन्य की लहरें लालसा के रूप में तरंगित होती रहती हैं। यक्ष के हृदय में जो अभिलाषा-चंचल वृत्तियाँ हैं, उन्होंने ही शिप्रा-वात में उस प्रार्थना-चाटुकार प्रियतम का आरोप किया है, जो वह स्वयं है या होना चाहता है। कहते हैं, विश्व में व्याप्त कालदेवता की सिसृक्षा ही व्यक्ति के चित्त में इस प्रकार की सर्जनात्मक लालसाओं के रूप में अभिव्यक्त होती रहती है। किन्तु यक्ष क्या इसे जान सका? समझता, तो क्या वह उन्मथित चित्त की उस लालसा के बन्धन से छुटकारा न पा जाता, जिसने समस्त जगत् को अपने रंग में रँगकर रंगीन बना डाला है? धन्य हो महाकाल! तुमने अपनी कुहकमयी शक्ति के द्वारा सारे जगत् के मूल सत्य पर सुवर्णमय आवरण डाल रखा है। अगर यह हिरण्मय पात्र का आवरण न होता, तो कदाचित् मनुष्य का चित्त रेगिस्तान के समान नीरस हो जाता। उसमें अभिलाष-चंचल भाव कभी दिखलाई ही नहीं देते और कदाचित् वह रूप के माध्यम से तुम्हें पकड़ नहीं पाता। नग्न सत्य शायद दुर्वह बोझ ही होता। अच्छा ही है जो मनुष्य को अनावृत नग्न सत्य के वास्तव रूप का पता नहीं है। होता तो अपने चित्त के विक्रियाओं के ताने-बाने से वह सत्य इतना रागरक्त करके न देख पाता। कहाँ होती उस समय महामाया के त्रिजगन्मनोज्ञ रूप की उल्लास-मुखर कल्पना? अच्छा ही हुआ जो विधाता ने सत्य के मुख को हिरण्मय पात्र से ढँक दिया है।

यक्ष ने भाव-विगलित भाषा में अपने दिल की बात मेघ से कह दी। मित्र से क्या दुराव? उसने शिप्रा-वात के बहाने मन्दाकिनी में निर्झर-स्नात वायु का ही स्मरण किया और उस वायु के बहाने अपने ही चित्त की प्रकृति उतारकर रख दी। हाय-हाय, प्रार्थना-चाटुकार शिप्रा-वात की कल्पना कितनी हृदय-वेधक थी!

दीर्घीकुर्वन्पटु मदकलं कूजितं सारसानां
प्रत्यूषेषु स्फुटितकमलामोदमैत्रीकषाय:।
यत्र स्त्रीणां हरति सुरतग्लानिमङ्गानुकूल:
शिप्रावात: प्रियतम इव प्रार्थनाचाटुकार:॥ 31॥

यक्ष ने कहा : "देखो मित्र! उज्जयिनी की ललनाएँ अपने नितान्त 'घन-नीलविकुञ्चिताग्र' घुँघराली लटों में सुगन्धि लाने का प्रयत्न बराबर करती रहती हैं। इस देश में हेमन्त और शिशिर में दीर्घकाल तक सुगन्धित धूप से धूपित करके केशों में स्थायी रूप से सुगन्धि उत्पन्न करने की जो भोंडी प्रथा चल गई है, वह उज्जयिनी की सुरुचि-सम्पन्न तरुणियों को मान्य नहीं है। वे हल्की सुगन्धिवाले सौगन्धिक द्रव्यों से प्रत्येक ऋतु में केश-संस्कार कर लिया करती हैं। यद्यपि वर्षा-काल में आमोद-मदिर पुष्प-गुच्छ और नयनाभिराम मालती-दाम केशों को सुगन्धि देने के लिए पर्याप्त होते हैं, तथापि आषाढ़ के इस प्रथम आविर्भाव-काल में स्वभावचतुर सुन्दरियाँ तुम्हारे अनिश्चित आगमन की प्रत्याशा में केश-संस्कार को संशयापन्न नहीं करना चाहतीं। उज्जयिनी के सौधों में केश-संस्कार के लिए जलाए गए हल्की सुगन्धिवाले धूप-धूम की धूम अवश्य मची होगी। शिप्रा के तट-प्रान्त को घेरकर जो विशाल भवन खड़े हुए हैं, उनके अवरोधगृह जालीदार पत्थरों के गवाक्षों से सुशोभित हैं। इन्हीं प्रासादजालों से 'जल-वेणिरम्या' शिप्रा की शोभा नित्य पुर-सुन्दरियों की आँखों में अभिलाष-चंचल भाव उत्पन्न करती है। जब तुम शिप्रा के ऊपर से उड़ते हुए पुरी में प्रवेश

करोगे, तो सबसे पहले गवाक्ष-जालों से निकलती हुई धूप-धूम की रेखा तुम्हारा स्वागत करेगी। नि:सन्देह इससे तुम्हारा शरीर पुष्ट होगा। बड़भागी हो मित्र, जो पुर-सुन्दरियों के विश्रब्ध क्षणों में आयोजित धूप-धूम का उद्धृत अंश पा सकोगे! उस धूम के साथ न जाने कितनी आकांक्षाएँ और कितनी लालसाएँ गवाक्ष-जालों के मार्ग से निकल रही होंगी। उसका स्पर्श पाकर तुममें भी नवीन उल्लास का संचार होगा। फिर तुम्हारे मित्र और प्रेमिक मयूर, जो इन विराट् भवनों के क्रीड़ा-पर्वतों पर विचरण कर रहे होंगे और जिनके लिए सुवर्णमयी वास-यष्टि का निर्माण किया गया होगा, तुम्हें देखकर नाच उठेंगे। नगरी में प्रवेश करते समय यही नृत्य तुम्हारे लिए प्रेमोपहार का काम करेगा। उज्जयिनी के प्रासादों में एक भी ऐसा नहीं है, जिसमें भवन-दीर्घिका, वृक्ष-वाटिका और क्रीड़ा-पर्वत न हों और एक भी ऐसी वृक्ष-वाटिका नहीं है, जिसमें चम्पक, सिन्धुवार, बकुल, पाटल, पुन्नाग और सहकार के घनच्छाय वृक्ष न हों और जिसके अन्त:पुर से सटी हुई पुष्पवाटिका में मल्लिका, जाती, नव-मालिका, कुरंटक, कुब्जक और दमनक लताओं की शोभा न दिखाई देती हो। उज्जयिनी के बड़े-बड़े भवन 'हर्म्य' कहलाते हैं। एक जमाना था, जब नगरी के मध्यभाग में बसनेवाले रईस छोटे-छोटे बन्द कक्षवाले महलों का निर्माण करते थे। उनका प्रधान उद्देश्य अर्जित सम्पत्ति की सुरक्षा होता था। उनके घरों में सूर्य की किरणों का प्रवेश भी नहीं हो पाता था। इसीलिए वे मकानों को ऊँचा बनाते थे, ताकि ऊँचाई पर बने हुए कक्षों में कुछ घर्म या घाम आ जाए। जो जितना ही धनी होता था, वह उतना ही ऊँचा कक्ष बनवा लेता था। जो कम धनी होता था, उसका मकान सूर्य की किरणों से वंचित ही रह जाता था। यही कारण है कि उन ऊँचे मकानों को 'घर्म्य' कहा करते थे, अर्थात् जिनमें सूर्य की रोशनी पहुँच जाया करती थी। जनता में यही 'घर्म्य' शब्द घिसकर 'हर्म्य' बन गया। किन्तु उज्जयिनी के नागरिक जनों में बुन्द कक्षवाले भवनों का अब विशेष सम्मान नहीं रह गया है।

उज्जयिनी के वीरों का बाहुबल अब निर्विवाद रूप में 'गोप्ता' अर्थात् रक्षक के रूप में स्वीकार कर लिया गया है। महाप्रतापी गुप्त नरपतियों ने जनता के भीतर विश्वास का संचार किया है, इसीलिए शिप्रा को घेरकर दूर-दूर तक विशाल प्रासाद बने हुए हैं, जो केवल सुन्दरियों की घुँघराली लटों को सुगन्धित करनेवाले धूप-धूम से ही नहीं, बल्कि उनके सुकुमार करपल्लवों से ललित पुष्प-लताओं से भी सुवासित रहते हैं। मैं इन विशाल हर्म्यों को 'कुसुम-सुरभि' कहना अधिक पसन्द करूँगा। ऐसी कोई भी ऋतु नहीं है, जिसमें कोई-न-कोई पुष्प इन पुष्पोद्यानों में न खिलते रहते हों। उनकी गन्ध से ये विशाल भवन निरन्तर सुरभित बने रहते हैं। इसीलिए कहता हूँ मित्र, कि धूप-धूम से जरा मोटे ताजे होकर और अपने मयूर-जैसे प्रिय मित्रों के नृत्योपहार से सुप्रसन्न होकर तुम इन कुसुम-सुरभित प्रासादों में रास्ते की थकान अवश्य दूर कर लेना। मैं तुम्हें विश्वास दिलाता हूँ कि इन भवनों में तुम्हें ललित वनिताओं के चरणों के महावर से चिह्नित पदांकों में सर्वत्र शोभा और शालीनता के दर्शन होंगे। केश के धूप-धूम और महावर-खचित चरणों के नयनहारी चिह्न देखकर तुम शिखा से नख तक की शोभा का अनुमान कर सकोगे। इतना भी कम नहीं है। जो सचमुच सौन्दर्य का आश्रयस्थल है, उसका स्पर्श भी हृदय को विशाल और उन्नत बनानेवाला होता है। इसीलिए ललित वनिताओं के पदरागाङ्कित हर्म्यों में तुम्हें सच्ची शान्ति प्राप्त होगी।

जालोद्गीर्णै रुपचितवपुः केशसंस्कारधूपै-
र्बन्धुप्रीत्या भवनशिखिभिर्दत्तनृत्योपहारः।
हर्म्येष्वस्याः कुसुमसुरभिष्वध्वखेदं नयेथा
लक्ष्मीं पश्यंल्ललितवनितापादरागाङ्कितेषु॥ 32॥

"लेकिन मार्ग की क्लान्ति दूर करने के बहाने कहीं अटक न जाना। तुम्हें पहले ही बताया है कि उज्जयिनी महाकालदेवता की लीलाभूमि है,

यह त्रिभुवन-गुरु भगवान् चंडीश्वर महादेव की तपस्या-भूमि है। 'चंडीश्वर' नाम सार्थक है, मित्र! सहज कोपन-स्वभावा देवी महादेव की तपस्या से यहाँ प्रसन्न हुई थीं। दीर्घकाल तक उनकी बंकिम भृकुटियों में ऋजुता नहीं आई, कुंचित ललाट-पट पर सहज भाव नहीं आया और उत्क्षिप्त हृदय में अनुकूल भावों का संचार नहीं हुआ। यह जो वक्ररूपा चंडिका देवी हैं, वे समष्टि में व्याप्त स्पन्दहीन शिव की क्रिया-शक्ति के प्रथम उन्मेष का रूप हैं। व्यष्टि में भी जब भगवती परावाक् स्पन्दहीन परम शिव की क्रिया के रूप में प्रथम बार स्पन्दित होती हैं, तो 'पश्यन्ती' वाणी के रूप में 'अंकुश-रूपा' होकर व्यक्त होती हैं। यही पराशक्ति का वक्रा, वामा या चंडी-रूप है। पिंड में पश्यन्ती वाणी के रूप में व्यक्त यह सृष्टि के रूप में व्यक्त होती हैं। जब यह मध्यमा वाणी के रूप में ऋजुता प्राप्त करती हैं, तो 'ऋजुरूपधरा दंडरूपा' भगवती के रूप में अभिव्यक्त होती हैं। निखिल ब्रह्मांड में व्याप्त पराशक्ति जब वक्ररूपा 'वामा' शक्ति के रूप में उल्लसित होती हैं, तो वह वेग बड़ा प्रचंड होता है। उसी स्पन्दन के उद्दाम वेग से अनन्त आकाश में व्याप्त शून्य सिहर उठता है और बार-बार प्रचंड आघात खाकर वस्तुपुञ्ज-रूपी फेन-रूप में सिमटने लगता है। जिस प्रकार स्वर्गलोक से सहस्रधार होकर गिरती हुई जाह्नवी की धारा को महाकाल अपने जटाजूट में धारण करके रिझाते हैं, उसी प्रकार इस चंडवेगा वामाशक्ति को शिव अपने जटा-जाल में उलझाना चाहते हैं। मित्र, जब-जब मैं अपनी सीमित दृष्टि से पराशक्ति के उस चंड वेग की कल्पना करता हूँ, तब-तब भय और त्रास से मेरा चित्त विदीर्ण हो उठता है, सारे शरीर में कम्प आ जाता है। कौन है, जो इस वक्ररूपा महाचंडिका को प्रसन्न कर सकता है? कौन है, जो उनकी कुंचित भृकुटियों में सहज लीला का उद्रेक करा सकता है? कौन है, जो उनके रोष-काषायित नयनकोशों में ब्रीडा का भाव संचारित कर सकता है? एक मात्र महाकालदेवता! मुझे देवी के 'पश्यन्ती' रूप में और सहस्रधार जाह्नवी के 'अवपतन्ती' रूप में

अद्भुत साम्य दिखता है। समस्त लोक के कल्याण के लिए महाकाल ने देवी को प्रसन्न करने का व्रत लिया और चंडीश्वर होने का गौरव प्राप्त किया। भगवान् चंडीश्वर निरन्तर संसार-सागर के मन्थन और आलोड़न से स्वत: आविर्भूत विष का पान करते चले आ रहे हैं। इसीलिए वे त्रिभुवन-गुरु हैं। महाकाल के सिवा दूसरा कौन है, जो संसार-सागर से निरन्तर उद्भूत होनेवाले विष को पीता रहे और प्रजा को कल्याण-मार्ग की ओर अग्रसर करता रहे? एक ओर जहाँ वे त्रिभुवन-गुरु हैं, समस्त जगत् को अपने शान्तिमय क्रोड में आश्रय दे रहे हैं, वहीं दूसरी ओर वे चंडीश्वर भी हैं। पराशक्ति के उद्दाम वेग को उन्होंने ही वश में कर रखा है। मेरे मित्र! महादेव के गण जब तुम्हें देखेंगे, तो यह समझकर कि उनके स्वामी के नीले कंठ की तरह तुम्हारा रंग है, तुम्हारा बड़ा आदर करेंगे। मेरा अनुमान है कि भगवान् महाकाल के दर्शन तुम्हें अनायास प्राप्त हो जाएँगे। उज्जयिनी के हर्म्य-शिखरों पर थोड़ी देर के लिए विश्राम करके तुरन्त महाकालदेवता के दर्शन के लिए चल देना। 'पूज्य-पूजा व्यतिक्रम' यों ही बड़ा दोष है, परन्तु उज्जयिनी में तो वह मूर्खता भी है। जिसने त्रिभुवन-गुरु के चंडीश्वर-रूप को नहीं समझा, वह पराशक्ति के पिंड-रूप में अभिव्यक्त पश्यन्ती, मध्यमा और वैखरी रूप को भी नहीं समझ सकता। फिर मित्र, उस व्यक्ति से तुम क्या आशा रखते हो कि वह हृदय-देश के अतल गाम्भीर्य से निकली हुई प्रेमवाणी को समझ सकेगा? यह जो पिंड-रूप में 'महाकाल' प्रिय और प्रिया के रूप में द्विधाविभक्त होकर विद्यमान है, उसके उपरले स्तर के आकर्षण की गहराई में कैसे जा सकेगा? वह कैसे समझेगा कि विरह की यह जो कातर व्याकुलता है और मिलन की यह जो दुर्दान्त आकांक्षा है, वह महाकाल की पराशक्ति का ही उल्लास है? कितनी गहराई से यह मिलनाकांक्षा की कातर वाणी ऊपर उठ-उठकर स्थूल वर्णमातृकाओं में अभिव्यक्त हो रही है! कैसे उसे समझाओगे मित्र, कि वाक् और अर्थ का जो सम्पृक्त रूप चित्त में उठ-उठकर विलीन हो

रहा है, वह वर्णमातृका के रूप में वामाशक्ति की अभिव्यक्ति मात्र है? स्थूल जगत् में तो वह हिरण्मय रूप के आवरण से इतना अच्छादित है कि उसे उसी स्तर पर पकड़ना असम्भव कार्य है। मेरे हृदय में इस समय जो उत्कंठा की लहरें हिल्लोलित हो रही हैं, वे क्या निखिल ब्रह्मांड में व्याप्त महाकाल के 'चंडीप्रसादन-रूपा' उत्कंठा से पृथक् और विच्छिन्न हैं? तुम्हारे हृदय में मेरे दैन्य के प्रति जो सहानुभूति है, और मेरी प्रिया के प्रति इस कातर वाणी को पहुँचा देने की जो उत्सुकता है, वह भी उस विराट् लीला से पृथक् और विच्छिन्न नहीं है। इसीलिए कहता हूँ कि उज्जयिनी जाकर तुम त्रिभुवन-गुरु के चंडीश्वर-रूप के चरणों में अवश्य अपना प्रणिपात निवेदन करना। तुम्हें उनके गरल-मलिन कंठ का सावर्ण्य प्राप्त है, इसीलिए तुम मेरी बात को आसानी से समझ सकते हो। तुम चंडीश्वर के धाम में जाने के उपयुक्त अधिकारी हो। चंडीश्वर का धाम, जिसके उद्यान जल-क्रीड़ा में निरत युवतियों के स्नान से धुले हुए अंग-रागों और प्रफुल्ल कमलपुष्पों के परागकेसर से तथा गन्धवती नदी के तुषार से सिक्त पवन के द्वारा निरन्तर कम्पित हो रहे हैं। महामाया की सबसे सुकुमार और शालीन शोभा तरुणियों के रूप में अभिव्यक्त होती है और उत्फुल्ल कमलों में लीलायित हुआ करती है। व्यक्त जगत् में महामाया के त्रैलोक्य-मनोहर रूप में ये सर्वाधिक सुकुमार अधिष्ठान हैं। इनके स्पर्श से वायु में मस्ती आती है और मनोज्ञ संचार अभिव्यक्त होता है। इस वायु के स्पर्श से तुम अन्तरतर की गहराई में विराजमान पराशक्ति का अस्पष्ट आभास अनुभव कर सकोगे। चंडीश्वर के इस पवित्र धाम में उपस्थित होना न भूलना। जो भगवान् महाकाल के इस रूप की पूजा नहीं कर सकता, वह चारुता और स्निग्धता के हृदयोन्माथी गुणों का परिचय भी नहीं प्राप्त कर सकता। व्यक्त जगत् के उपरले स्तर को खरोंच-खरोंच कर रस पाने की आशा करनेवाले कवि वातुल हैं। तुम गहराई में जाकर पराशक्ति के उन्मद विलास की आभा देखने का प्रयत्न अवश्य करना।

भर्तुः कण्ठच्छविरिति गणैः सादरं वीक्ष्यमाणः
पुण्यं यायास्त्रिभुवनगुरोर्धाम चण्डीश्वरस्य।
धूतोद्यानं कुवलयरजोगन्धिभिर्गन्धवत्या-
स्तोयक्रीड़ानिरतयुवतिस्नानतिक्तैर्मरुद्भिः ॥ 33 ॥

"मेरे प्यारे जलधर मित्र! यद्यपि मेरा हृदय संगमोत्कंठा से कातर है और मैं प्राकृत जन के समान प्रलाप कर रहा हूँ, तथापि मुझे रंचमात्र भी सन्देह नहीं है कि मेरे हृदय में जो उत्कंठा और औत्सुक्य है, वह अकारण नहीं है। कहीं कोई बड़ी बात होनी चाहिए, जो मेरे शरीर और मन को मथे डालती है। मैं पागल नहीं हो गया हूँ। पागल उसे कहते हैं, जिसके हृदय के अभिलाष और उसे व्यक्त करनेवाली उपरले स्तर की वैखरी वाणी में सामंजस्य का पता नहीं रहता। मैं ज्ञानी भी नहीं हूँ, क्योंकि ज्ञानी उसे कहते हैं, जो सत्य के अनावृत रूप को पकड़ लेने का दावा करता है। मैं भ्रान्त हूँ, व्याकुल हूँ, कातर हूँ। मुझे सत्य के अनावृत रूप का पता नहीं है, परन्तु उसके हिरण्मय आवरण और अन्तरतर के अनभिषिक्त जीवन-देवता का सामंजस्य मुझे मालूम है। भगवान् की ओर से तुम्हें जो नयन-सुभग रूप और श्रवण-सुभग गर्जन प्राप्त हुआ, वह भी सत्य का हिरण्मय आवरण ही है। मुझे रह-रहकर ऐसा लगता है कि सत्य ने अपने को सुन्दर रूप में अभिव्यक्त करने का जो प्रयास किया है, वही उसका हिरण्मय आवरण है। सत्य का जो यह प्रयास है, उसी को शास्त्रकारों ने इच्छा-शक्ति, ज्ञान-शक्ति और क्रिया-शक्ति का नाम दिया है। इन्हीं तीनों क्रियाओं से जगत् त्रिपुटीकृत है। इसी त्रिपुटीकृत जगत् की अभिव्यक्ति की जो प्रक्रिया है, वह देवी का 'त्रिपुरारूप' है। उसी रूप में समझने से मनुष्य का सीमित ज्ञान भी सार्थक और चरितार्थ होता है। मैं कहता हूँ मित्र, महाकाल के मन्दिर में जाकर तुम अपने इस श्यामल-मनोज्ञ रूप और मन्द-मन्द श्रुतिसुखकर गर्जन को चरितार्थ बना सकते हो। यदि तुम इस रूप और इस ध्वनि का यथार्थ फल पाना चाहते हो, तो महाकाल

के मन्दिर में उसका अवसर ढूँढ़ लेना। किसी समय भी पहुँचना, किन्तु सूर्यास्त तक रुक अवश्य जाना। जब तक सूर्य अच्छी तरह आँखों से ओझल न हो जाए, तब तक प्रतीक्षा करना। जब सूर्यदेवता अस्ताचल में विलीन हो जाएँगे और सन्ध्या का झुटपुटा प्रकाश भी धीरे-धीरे म्लान हो जाएगा, उसी समय महाकाल के मन्दिर में आरती का नगारा बज उठेगा। उस समय आरात्रिक प्रदीपों को लेकर पूजा-परायण भक्त नृत्य-निमग्न हो उठेंगे और सन्ध्या का बलि-पटह गम्भीर निर्दोष के साथ ताल देता रहेगा। उस नगारे की आनन्दध्वनि के साथ तुम भी अपने श्रुति-मधुर गर्जन की ध्वनि मिला देना और इस प्रकार तुम्हें मधुर गर्जन का जो प्रसाद मिला है, उसका पूर्ण फल प्राप्त करना। मनुष्य के सभी शब्द, सभी स्पर्श और सभी रूप महाकालदेवता के चरणों में निछावर होकर ही धन्य होते हैं। मुझे कोई सन्देह नहीं मित्र, कि उस सन्ध्याकालीन बलि-पटह के गम्भीर निनाद के साथ जब तुम्हारे मन्द निर्घोष का ताल मिलेगा, तभी वह सार्थक और चरितार्थ होगा। उस समय क्षण-भर के लिए जो आनन्द प्राप्त होगा, वही तुम्हारे जीवन की चरम सफलता होगी। मनुष्य अपनी सीमा को यदि क्षण-भर के लिए भी असीम के ताल से ताल मिलाने में चरितार्थ कर सके, तो उसका जन्म सार्थक हो जाता है। असीम की आराधना में लगाया हुआ एक क्षण भी सीमा को चरितार्थ कर देता है, अविकल फल का अधिकारी बना देता है।

अप्यन्यस्मिञ्जलधर महाकालमासाद्य काले
स्थातव्यं ते नयनविषयं यावदत्येति भानुः।
कुर्वन्सन्ध्याबलिपटहतां शूलिनः श्लाघनीया-
मामन्द्राणां फलमविकलं लप्स्यसे गर्जितानाम्॥ 34॥

"सन्ध्याकालीन आरात्रिक के नगारे की मृदु-मन्द ध्वनि के बाद तुम्हें मन्दिर की नर्तकियों के मनोहर नृत्य देखने को मिलेंगे। इन नर्तकियों के

ताल-ताल पर किये हुए चरण-निक्षेप से कटि-भाग पर झूलती हुई रशना क्वणित हो उठेगी। लीलापूर्वक बीजित रत्नच्छाया से खचित चामरदंड मनोहर भाव से हिल उठेंगे और उनके सुकुमार हाथ इन लीलावधूत रत्नखचित चामरदंडों के भार से क्लान्त हो उठेंगे। नर्तकियों के इस नृत्य को 'दैशिक' नृत्य कहते हैं। इसमें वे हाथ में खड्ग, कन्दुक, वस्त्र, दंड, चामर, माला और वीणा धारण करके नृत्य करती हैं। किसी जमाने में अवन्ति के इर्द-गिर्द वन्य जातियों में तरुणियों के शस्त्र लेकर उद्दाम नृत्य करने की प्रथा थी। अब भी गहन विन्ध्याटवी में बसनेवाली शबर युवतियाँ इस प्रकार का 'दैशिक' नृत्य किया करती हैं। जब तुम विन्ध्याटवी के शबराध्युषित क्षेत्रों के ऊपर से उड़ोगे, तो कभी-न-कभी इस उद्दाम नृत्य के देखने का अवसर भी पा सकोगे। अब उज्जयिनी की सम्भ्रान्त गणिकाओं ने उस उत्कट नृत्य को तालानुग बनाकर ललित मनोहर रूप में ढाल दिया है। नाम उसका अब भी 'दैशिक' ही चल रहा है। इस नृत्य में खड्ग और चामर आदि उपकरण केवल लीला-विलास के साधन-मात्र रह गए हैं। पटहनिनाद की पृष्ठभूमि में चामरधारिणी देव-दासियों का नृत्य बहुत ही अभिराम हो जाता है। वीणा और वेणु, कलकाँस्य और कोशी आदि वाद्यों की ध्वनि के साथ क्वणित किंकिणी का और रणन्-नूपुर नर्तकियों का ललित-मनोहर नृत्य मादक वातावरण उत्पन्न करता है और बीच-बीच में पुजारियों का हुडुत्कार और डमरू-निनाद उस मादक वातावरण को बरबस खींचकर महाकाल के चरणों में निक्षिप्त कर देता है। उज्जयिनी के प्रतापशाली नरपतियों ने भक्तिपूर्वक महाकाल की सेवा के लिए जो रत्नखचित सौवर्ण चामरदंड अर्पित किये हैं, वे आरात्रिक प्रदीपों से उद्भासित होकर अपूर्व शोभा उत्पन्न करते हैं। परन्तु श्रद्धा और भक्ति के आवेश में दिये हुए महार्घ रत्न और सुवर्णदंड इतने भारी हो गए हैं कि महाकाल मन्दिर की सुकुमार नर्तकियों की सुकुमार कलाइयाँ देर तक उस भार को सहन नहीं कर पातीं। शतावरी लता जिस प्रकार पूर्वी वायु के झकोरों से

बार-बार विस्रस्त होकर क्लान्त-जैसी दिखने लगती है, उसी प्रकार सरस नृत्य इन सुकुमार ललनाओं को स्रस्तविथुर बना देता है। कहाँ मदन देवता के पुष्प-धनुष की भाँति सुकुमार ललनाएँ और कहाँ गुरुभार चामरदंड! मित्र, इन श्रान्त-क्लान्त क्रीड़ा-पुत्तलिकाओं जैसी सुकुमार ललनाओं के क्लान्त मुखमंडल पर स्वेद-बिन्दु झलक आएँगे, उस समय तुम अपनी झीनी फुहारों से उनकी क्लान्ति दूर कर देना। वे कृतज्ञतापूर्वक अपनी मधुकरश्रेणी-जैसे दीर्घ और चंचल कटाक्षों से तम्हारी ओर देखेंगी। मैं यह नहीं कहना चाहता मित्र, कि शिव-भक्ति का फल कामिनियों के नयनाभिराम रूप का दर्शन ही है, और इसीलिए भगवान् चंडीश्वर के दर्शन का फल तत्काल मिल जाएगा। कुछ लोग ऐसा कह सकते हैं। परन्तु मैं दृढ़ता के साथ कहना चाहता हूँ कि ऐसी छिछली और भोंडी रसिकता शिव-भक्ति के न होने का परिणाम है। परन्तु इसमें मुझे रंच-मात्र भी सन्देह नहीं कि इन सुन्दरियों की क्लान्ति दूर करना तुम्हारे जैसे सहृदय का पावन कर्तव्य होगा। महाकालदेवता के नाट्यमंडप में सुकुमार नृत्य का आयोजन इसलिए नहीं किया जाता कि वहाँ छिछली और भोंडी रसिकता के धनी शिवभक्त तत्काल फल पा जाएँ। यह नृत्य मनुष्य के भीतर जो ललित और सुन्दर है, उसका अर्घ्य महादेव को चढ़ाने का बहाना-मात्र है। पुराण-मुनियों ने नृत्य को देवताओं का सर्वश्रेष्ठ चाक्षुष-यज्ञ माना है। इस चाक्षुष-यज्ञ द्वारा महाकालदेवता की आराधना करना अपने-आपमें ही महत्त्वपूर्ण है। बड़े दु:ख की बात है मित्र, कि उज्जयिनी में भी ऐसे हल्के संस्कारों के रसिक हैं, जो इस चाक्षुष-यज्ञ को ही जीवन का सबसे बड़ा फल मान लेते हैं! खैर, तुम नृत्य-परायण युवतियों की विलास-कातर गात्र-यष्टि और श्रम-कातर मुखमंडल पर वर्षा की पहली फुहार देना। वह इस नृत्यरूपी चाक्षुष-यज्ञ को प्रत्यक्ष रूप से समृद्ध करेगी और तुम्हें जलधर होने का जो सौभाग्य मिला है, वह चरितार्थ होगा। इसीलिए कहता हूँ मित्र, कि तुम वर्षाग्र-बिन्दुओं के निक्षेप से महादेव की आराधना में नवीन समृद्धि

जोड़ देना। निस्सन्देह सहृदय नर्तकियाँ तुम्हें अपनी मनोहर चितवनों के प्रसाद से धन्य करेंगी।

पादन्यासक्वणितरशनास्तत्र लीलावधूत
रत्नच्छायाखचितवलिभिश्चामरैः क्लान्तहस्ताः।
वेश्यास्त्वत्तो नखपदसुखान्प्राप्य वर्षाग्रबिन्दू-
नामोक्ष्यन्ते त्वयि मधुकरश्रेणिदीर्घान्कटाक्षान्॥ 35॥

"मैं जानता हूँ मित्र, कि नृत्य-वादित्र से जब वहाँ का वातावरण भक्तिविद्ध हो जाएगा, उस समय तुम अपने-आपको सँभाल नहीं सकोगे। भक्तों की आराधना से प्रसन्न होकर स्वयं महादेव जब तांडव करने को उद्यत होंगे, तो तुम्हें भी अपना जीवन चरितार्थ करने का अवसर मिलेगा। उस समय अस्ताचलगामी सूर्य की लाल किरणों से तुम्हारा शरीर नवीन जवा पुष्प के समान लाल हो गया रहेगा। महादेव जब तांडव करने को उद्यत होंगे और उनकी भुजाएँ विशाल वनस्पतियों के समान आन्दोलित हो उठेंगी, तो ऐसा लगेगा, जैसे एकाएक भुजा-रूपी वृक्षों का जंगल खड़ा हो गया है। उस समय तुम सावधानी से मंडलाकार होकर उस भुजारूपी तरुवन पर छा जाना। एक क्षण के लिए भवानी के चित्त में उद्वेग की काली छाया उदित हो जाएगी। गजासुर को युद्ध में मर्दन करके भगवान् शंकर ने उस शोणित-बिन्दु-वर्षी खाल को ओढ़कर उन्मत्त तांडव किया था। क्षण-भर के लिए भवानी के चित्त में भगवान् शंकर का वही पुराना रूप खेल जाएगा। उस समय भगवान् के कोप को दूर करने के लिए और उद्धत तांडव-वेश को संयत करने के लिए देवी को बड़ा प्रयास करना पड़ा था। जिस समय शंकर के उद्दाम तांडव से दिशाएँ चटाचटा उठी थीं, महाशून्य व्याकुल हो उठा था और ब्रह्मांड धसकने लगा था, समस्त प्रजा त्राहि-त्राहि पुकार उठी थी, उस समय देवी ने ललित-मनोहर लास्य-नृत्य से भगवान् को प्रसन्न करना चाहा था। दीर्घ आयास के बाद भगवान् का कोप शमित हुआ। उनके क्रोध-ताम्र मुखमंडल में शान्त-स्निग्ध आभा दिखलाई पड़ी। जब भवानी शिव के भुजमंडल में

तुम्हें गजाजिन के रूप में लिपटा देखेंगी, तो क्षण-भर के लिए उनके चित्त में उद्वेग का संचार होगा। माता का करुणा-विद्रवित हृदय प्रजा के नवीन त्रास की आशंका से व्याकुल हो उठेगा। वे सोचने लगेंगी कि आज यह फिर गजाजिन महाकाल की भुजाओं में कैसे उलझ गया! वे शंकित हो उठेंगी कि कहीं फिर वह उत्ताल नर्तनवाला दृश्य तो उपस्थित नहीं हो रहा है! लेकिन जब वे समझ जाएँगी कि यह और कोई नहीं, वर्षाग्रबिन्दुओं का प्रथम संवाहक सान्ध्य बलाहक है, तो उनके प्रसन्न मुखमंडल पर हल्की स्मितरेखा उदित हो उठेगी, वे एकटक से तुम्हारी भक्ति-भावना को निहारती रह जाएँगी। पशुपति भी अवश्य प्रसन्न होंगे, क्योंकि गजासुर के मर्दन के बाद से वे प्राय: ही गजाजिन धारण करने में प्रसन्नता अनुभव करते हैं। माता पार्वती आशंकित रहती हैं कि यदि उन्हें फिर से गजाजिन प्राप्त हो जाय, तो वही उत्ताल तांडव फिर शुरू हो जाएगा। वे भगवान् शंकर को गजाजिन धारण करने से विरत करना चाहती हैं। भवानी की इस सुकुमार भावना को भगवान शंकर भी समझते हैं और आदर की दृष्टि से देखते हैं। उन्हें गजाजिन धारण करके तांडव करने की इच्छा तो रहती है, पर भवानी की भावनाओं को देखकर कुछ बोलते नहीं। जिस क्षण अनायास आर्द्र गजाजिन के रूप में विराट् बाहुवन में लीन हो जाओगे, उस क्षण उनके अधरों पर भी अवश्य लीला विलास की हल्की-सी स्मितरेखा खिल उठेगी। क्षण-मात्र के लिए देवी के चेहरे पर उद्वेग की काली रेखा देखकर वे चटुल परिहास का अनायास लब्ध अवसर पाकर प्रसन्न हो जाएँगे। तुम्हें भवानी और शंकर, दोनों को बारी-बारी से प्रसन्न करने का सौभाग्य प्राप्त होगा, और तुम्हारा नयन-सुभग रूप धन्य हो जाएगा।

पश्चादुच्चैर्भुजतरुवनं मण्डलेनाभिलीन:
सान्ध्यं तेज: प्रतिनवजपापुष्परक्तं दधान:।
नृत्यारम्भे हर पशुपतेरार्द्रनागाजिनेच्छां
शान्तोद्वेगस्तिमितनयनं दृष्टभक्तिर्भवान्या॥ 36॥

6

"मित्र, कहते हैं, किसी समय ब्रह्मा के अनुरोध पर शिव ने सन्ध्याकाल में तांडव-नृत्य किया था। बड़ा विकट नृत्य था वह! तंडु नामक मुनि को भगवान् शंकर ने इसी नृत्य का उपदेश किया था। किस प्रकार हाथ और पैर के योग से 108 प्रकार के करण बनते हैं, किस प्रकार दो विभिन्न करणों के योग से नृत्य-मातृकाएँ बनती हैं, फिर तीन करणों से 'कलापक', चार से 'मंडन', पाँच से 'संघातक' आदि बनते हैं। इस बात को शिवजी ने निपुण भाव से तंडु मुनि को सिखाया था। नौ करणों के योग से बत्तीस प्रकार के अंगहारों की विधियाँ सिखाई थीं और अंगहारों के साथ पाद, कटि, हाथ और कंठ के चतुर्विध रेचकों का उपदेश दिया था, और अन्त में रेचकों और अंगहारों से बने हुए विचित्र तांडव का अभिनय सिखाते-सिखाते विचित्र नृत्य में मस्त होकर बमभोलानाथ बन गए थे। शान्त-स्निग्ध पार्वती भोलानाथ के इस उत्ताल नर्तन से इतनी मुग्ध हुईं कि आनन्दोल्लास में ललित भाव से स्वयं भी नाच उठीं। तंडु मुनि को सिखाए जाने के कारण ही शिव का नृत्य तांडव कहलाया और ललित विलास से प्रेरित होने के कारण पार्वती का नृत्य लास्य कहलाया। तभी भक्तगण महादेव और पार्वती के अद्‌भुत और सुकुमार नृत्यों का अनुकरण करते आ रहे हैं। तभी से महाकाल के मन्दिर में दोनों ही नृत्य दिखाए जाते हैं। दक्ष-यज्ञ के अवसर पर भी महादेव ने विकट तांडव किया था। सुना है कि उस अवसर पर शिव के गण मृदंग, भेरी, पटह, भांड, डिंडिम, गोमुख, पणक और दर्दर आदि आतोद्य वाद्य बजा रहे थे और महादेव लय-ताल-समन्वित उद्‌दाम मनोहर तांडव से उल्लसित हो उठे थे। महाकाल के मन्दिर में शिवभक्त लोग इन बाजों का प्रयोग करते हैं। मुझे यह सोचकर बड़ा आनन्द आ रहा है कि तुम नवीन आतोद्य का रूप धारण करोगे और अभिनव गजाजिन के रूप में महादेव के तांडव के प्रत्यक्ष साक्षी बनोगे। इसीलिए कहता हूँ कि सान्ध्य-आरात्रिक के अवसर पर महाकाल के मन्दिर पर अवश्य जाना।

मेरा अनुमान है कि आरती समाप्त होने के बाद काफी रात हो जाएगी। उज्जयिनी के राजमार्ग अन्धकार से जूझते अवश्य रहेंगे, परन्तु उसे दूर करने में असमर्थ ही सिद्ध होंगे। नगरी के राजमार्ग सूचीभेद्य अन्धकार से आच्छन्न हो जाएँगे। नगर की ओर जब तुम लौटोगे, तो तुम्हारी काली छाया इस अन्धकार को और निबिड़ बना देगी। उस समय तक घर के काम-काज से फुर्सत पाकर नवीन अनुराग से चंचला अभिसारिकाएँ प्रेमियों द्वारा निर्दिष्ट अभिसारस्थलों की ओर निकली होंगी। उस समय कसौटी पर कसी हुई कांचन-रेखा के समान सौदामिनी को अपने हृदयदेश पर उद्भासित करके इन रागोद्भ्रान्ता किशोरियों को मार्ग दिखाने में सहायता करना। मुझे आशंका है मित्र, कि तुम्हें उसी अवसर पर विनोद की न सूझ पड़े। कहीं ऐसा न कर बैठना कि झमाझम पानी बरसाकर और गम्भीर गर्जन करके भयत्रस्त मुखमंडल और कम्पमान हृदय का रस लेने लगो! मेरी यह कातर प्रार्थना है कि उन प्रेमविह्वला अनुरागवतियों को व्याकुल न बना देना। चुहल करने का अवसर तुम्हें और मिलेगा। उज्जयिनी की अनुरागवती प्रेमिकाओं को परिहास के लिए भी छेड़ना अनुचित होगा। चुपचाप विद्युत् की हल्की आभा से मार्ग दिखाकर आगे बढ़ जाना।

गच्छन्तीनां रमणवसतिं योषितां तत्र नक्तं
रुद्धालोके नरपतिपथे सूचिभेद्यैस्तमोभिः।
सौदामन्या कनकनिकषस्निग्धया दर्शयोर्वीं
तोयोत्सर्गस्तनितमुखरो मा स्म भूर्विक्लवास्ताः ॥ 37 ॥

"परन्तु मैंने यह प्रार्थना करके तुम्हारे साथ थोड़ा अन्याय भी किया। बार-बार विद्युत्प्रिया को कौंधने को कहना सचमुच अपने हृदय की कठोरता को ही व्यक्त करना है। जानता हूँ मित्र, इसमें तुम्हारे हृदय-देश में विराजमान चिर-सहचरी विद्युत्प्रिया को कष्ट होगा और सुकुमार देहयष्टिवाली तन्वंगी अवश्य क्लान्त हो उठेगी। मुझे आशंका हो रही है कि उस समय तुम

अपने इस अभागे मित्र को कोसने लगोगे। लेकिन मैं करूँ तो क्या करूँ? मैं प्रथम प्रेम की व्याकुलता को जानता हूँ। न जाने कहाँ से यह दुर्वार अभिलाषा जाग उठती है, जो तरुण-युगल को खिन्न और व्याकुल कर देती है। मैं तुम्हारे कष्टों को अच्छी तरह समझकर ही यह कातर प्रार्थना कर रहा हूँ; परन्तु इन कष्टों को यथा-कथंचित् हल्का करने का उपाय भी बता देता हूँ। उज्जयिनी के विशाल हर्म्यों में अनेक मनोहर भवनवलभियाँ हैं। रात को कहीं-कहीं छज्जेदार वलभियों में कबूतरों के जोड़े विश्रब्ध भाव से विश्राम करते हैं। जहाँ भी तुम्हें यह अनुभव होने लगे कि तुम्हारी विद्युत्प्रिया थक गई है, वहीं कहीं सुन्दर भवन-वल भी में चुपचाप कपोत-दम्पती के बगल में जा बैठना और प्रिया को विश्राम देने का प्रयत्न करना। चिर-विलास से खिन्न वधुओं के लिए प्रियतम के अंक में विश्रब्ध भाव से शयन करने के समान अधिक शान्तिदायक दूसरा उपाय नहीं है। मेरा विश्वास है कि प्रत्यूषकाल तक तुम दोनों मार्ग की क्लान्ति दूर करने में समर्थ हो सकोगे। सूर्योदय होते ही वहाँ से चल देना। मित्र, मेरा भी तो काम है। तुम्हारे-जैसे बन्धु-जन मेरे-जैसे दु:खित मित्रों की सहायता करने का जब बीड़ा उठाते हैं, तो आलस नहीं करते। तुम भी रात-भर विश्राम करके प्रत्यूषकाल में मेरी प्रिया के पास संदेशा पहुँचाने के कार्य में सुस्ती न करना। जानता हूँ कि उज्जयिनी को इतनी जल्दी छोड़ देना सरल नहीं है। परन्तु तुम सुहृद् हो, मेरे हृदय की कथा अपने हृदय में अनुभव कर सकते हो। सूर्य निकलते-निकलते तुम अलका की ओर बढ़ जाना।

"मगर ऐसी हड़बड़ी भी न करना कि उगते हुए सूर्यमंडल पर आवरण की तरह छा जाओ। तुम नहीं जानते, लेकिन मैं जानता हूँ कि बहुत-से प्रेमी उसी समय अपनी उन प्रियाओं के आँसू पोंछते हैं, जो रात-भर प्रतीक्षा करते रहने के बाद भी प्रियदर्शन पाने का सौभाग्य नहीं पाए होतीं। उज्जयिनी के मनचले नागरक कभी-कभी पवित्र प्रेम का निरादर भी कर बैठते हैं। सूर्योदय-काल में खंडिता वधुओं को आश्वासन का सुयोग तो मिल ही

जाता है, और मित्र, सूर्यदेवता भी तो रात-भर की व्याकुल पद्मिनी-लताओं की आँखों पर ओस के रूप में छाए हुए अश्रुकणों को अपने किरणरूपी हाथों से पोंछने का अवसर पाते हैं! सबेरा होते ही यदि तुमने सूर्यमंडल को ढँक दिया, तो यह पवित्र प्रेम-व्यापार भी रुक जाएगा। तुम सूर्यदेवता के किरणरूपी हाथों को रोक दोगे, तो सूर्यदेवता के चित्त में भी रोष का संचार होगा, और न जाने कुपित होकर वे क्या कर बैठें! इसीलिए कहता हूँ कि उतावली में गलती न कर बैठना।

तां कस्यांचिद्भवनवलभौ सुप्तपारावतायां
नीत्वा रात्रिं चिरविलसनात्खिन्नविद्युत्कलत्र:।
दृष्टे सूर्ये पुनरपि भवान्वाहयेदध्वशेषं
मन्दायन्ते न खलु सुहृदामभ्युपेतार्थकृत्या: ॥ 38 ॥

तस्मिन्काले नयनसलिलं योषितां खण्डितानां
शान्तिं नेयं प्रणयिभिरतो वर्त्म भानोस्त्यजाशु।
प्रालेयास्त्रं कमलवदनात्सोऽपि हर्तुं नलिन्या:
प्रत्यावृत्तस्त्वयि कररुधि स्यादनल्पाभ्यसूय: ॥ 39 ॥

"इस प्रकार धीरे-धीरे तुम जब उज्जयिनी के उत्तर की ओर बढ़ोगे, तो तुम्हें गम्भीरा नाम की नदी मिलेगी। नदियाँ तो तुमसे स्वभावत: प्रेम करती हैं; परन्तु गम्भीरा सचमुच गम्भीरा है। उसके प्रेम के इंगित को तुम तब तक नहीं समझ सकोगे, जब तक उसकी गम्भीर प्रकृति से परिचित नहीं हो सकोगे। गम्भीरा की प्रसन्न जलधारा गम्भीर सहृदय के चित्त के समान निर्मल है। तुम्हारा यह प्रकृति-सुभग शरीर छाया के रूप में उसकी निर्मल जलधारा में उद्भासित हो उठेगा। यही क्या कम है? प्रकृतिगम्भीर प्रणयिनियों के चित्त में छायात्म होकर प्रवेश पाना भी दुर्लभ सौभाग्य है। कुमुद पुष्पों के समान स्वच्छ विशद मछलियों के उद्वर्त के रूप में गम्भीरा की अनुरागमयी दृष्टि प्रकट होगी। इससे अधिक की आशा वहाँ न रखना।

परन्तु इसे समझने में भूल भी न करना। उस प्रेम-भरी चंचल चितवन का आदर करना तुम्हारा कर्तव्य है। कहीं उस रागवती के हृदय के अतल गाम्भीर्य से निकले हुए प्रेम-संकेत की उपेक्षा न कर बैठना। प्रिया की प्रकृति को समझकर उसके प्रीति-संकेतों का मूल्य आँकना चाहिए। मित्र, गम्भीरा का निर्मल जल ही उसका वस्त्र है। दूर से उसकी पतली धारा नीली साड़ी की तरह दिखाई देती है। तट-प्रदेश पर उगी हुई वेतस-लताएँ ऐसी दिखाई देती हैं, मानो गम्भीरा अपने स्रस्त-शिथिल वस्त्र को हाथों की मनोहर उँगलियों से लीलापूर्वक सँभाले हुए है। जिस समय तुम उसके इस प्रेम-शिथिल रूप को देखोगे, उस समय आगे बढ़ना कठिन हो जाएगा। मैं खूब जानता हूँ कि तुम अनुभवी रसिक हो; अवस्थाविशेष में पड़ी हुई प्रेमातुरा प्रिया की उपेक्षा करना, तुम्हारे-जैसे सहृदयों के लिए असम्भव बात है। बड़े-बड़े लोग इसकी माया नहीं काट सके हैं; तुम्हारे लिए भी प्रलोभन के इस जाल को छिन्न करना कठिन हो जाएगा। लेकिन खैर।"

गम्भीराया: पयसि सरितश्चेतसीव प्रसन्ने
छायात्मापि प्रकृतिसुभगो लप्स्यते ते प्रवेशम्।
तस्मादस्या: कुमुदविशदान्यर्हसि त्वं न धैर्या-
न्मोघीकर्तु चटुलशफरोद्वर्तनप्रेक्षितानि॥ 40॥

तस्या: किंचित्करधृतमिव प्राप्तवानीरशाखं
नीत्वा नीलं सलिलवसनं मुक्तरोधोनितम्बम्।
प्रस्थानं ते कथमपि सखे लम्बमानस्य भावि
ज्ञातास्वादो विवृतजघनां को विहातुं समर्थ:॥ 41॥

यक्ष ने मेघ में थोड़ी-सी चंचलता देखी। उसे ऐसा लगा कि मार्ग बताने के बहाने उसने अपने हृदय का उद्वेग-निवेदन करना प्रारम्भ कर दिया है और मेघ उतावला हो उठा है। वह अलका-प्रस्थान करने के लिए व्याकुल है, किन्तु अपने मित्र यक्ष की हृद-वेदना की उपेक्षा भी नहीं करना चाहता।

अभी तो मार्ग बताने में ही इतना समय लग गया, सँदेशा तो कुछ कहा ही नहीं गया! उसने मेघ से अत्यन्त कातर वाणी में कहा कि "मित्र, रास्ता अवश्य सुन लो, देर तो हो ही रही है; किन्तु गलत रास्ते से कितनी देर होगी, यह कहना कठिन है।" यक्ष की आँखों में गम्भीरा के उस पार का मार्ग चित्रलिखित-सा प्रत्यक्ष हो उठा। उसने कल्पना की आँखों से देखा कि मेघ उसके प्रणय का सन्देश लेकर देवगिरि की ओर उड़ा जा रहा है। स्थान-स्थान पर बरसकर वह प्यासी धरती के सिक्त धरातल से सोंधी गन्ध उत्पन्न किये जा रहा है। हवा इस सोंधी गन्ध से रमणीय हो उठी है। विन्ध्याटवी के जंगली हाथी गर्जना करके इस वायु को पीकर मतवाले बनते जा रहे हैं, और विन्ध्य-पर्वत की पहाड़ियों के उदुम्बर (गूलर) वृक्षों के फल इस सोंधी और भारी हवा का सम्पर्क पाकर लाल होते जा रहे हैं। मेघ देवगिरि के मार्ग में दौड़ता जा रहा है। लेकिन वह क्या देवगिरि को भी इसी प्रकार पार कर जाएगा? क्या वह एक क्षण के लिए भी अब रुकेगा नहीं? क्या धरती की सोंधी गन्ध से गुरु भार बनी हुई वायु देवगिरि की वनस्थलियों में चंचलता ले आकर आगे बढ़ जाएगी? मेघ उड़ता जा रहा है, उद्दाम वेग से बढ़ता चला जा रहा है। रुकता नहीं, झुकता नहीं, निरन्तर शानदार उड़ान से आकाश को नयनाभिराम बनाता हुआ आगे ही बढ़ता चला जा रहा है। यक्ष ने उत्क्षिप्त होकर कहा : "रुको मित्र! यह देवगिरि है, इस देवगिरि पर्वत पर महादेव के पुत्र, पार्वती के दुलारे कुमार स्कन्द जमकर बस गए हैं। देवगिरि उनकी नियत वासस्थली है। यह उनका सर्वप्रिय वासस्थल है। यहाँ भी फिर पूज्य पूजाव्यतिक्रम न कर बैठना। फूलों के बादल बनकर आकाश-गंगा के जल से आर्द्र कुसुम-राशि की वर्षा करके इस दृप्त कुमार की पूजा अवश्य कर लेना। इन्द्र की सेनाओं की रक्षा करने के लिए बालचन्द्र का आभरण धारण करनेवाले महादेव ने अपने उस तेज को अग्नि में निहित किया था जो सूर्य से भी प्रचंड था। उसी तेज के मूर्तिमान रूप स्कन्ददेवता हैं। इनकी उपेक्षा न कर बैठना।

भवानी अपने इस लाड़ले पुत्र को कितना प्यार करती हैं, इसका अन्दाजा इसी से लग जाएगा कि उनका प्रिय वाहन मयूर जब नृत्य-उल्लास में नाच उठता है और उसका वह मनोहर बर्ह, जिसमें ज्योति-रेखा के वलय पड़े हुए हैं, जब गिर जाता है, तो वे अपने दुलारे के वाहन का पंख समझकर अपने उन कानों में खोंस लेती हैं, जो नीलकमल के दलों को प्राप्त करने के उपयुक्त अधिकारी हैं। कार्तिकेय के उस मयूर की सफेद आँखें शिवजी के भाल-देश पर स्थित चन्द्रमा की किरणों से और भी चमकती रहती हैं। कार्तिकेय पर फूलों की वर्षा करने के पश्चात् तुम अपने उस मन्द्र ध्वनिवाले गर्जन से मयूर को नचा देना, जो देवगिरि की कन्दराओं से निकली प्रतिध्वनि से और भी गम्भीर हो उठेगी। जरा सोचो तो मित्र, कुमार कार्तिकेय का यह मयूर कितना बड़भागी है कि त्रैलोक्यजननी अपने कानों से नीलकमल को हटाकर उसके स्खलित बर्ह को धारण करती हैं! इसीलिए कहता हूँ, जरा रुककर कार्तिकेय की अभ्यर्थना अवश्य कर लेना।

"मेरे जलधर मित्र, मैं तुम्हारे सहज समदर्शी रूप का प्रशंसक हूँ। ऊँचा हो या नीचा हो, उजाड़ हो या बगीचा हो, तुम समान भाव से सबको जीवन-दान देते हो। किन्तु सब लोग ऐसी उदार नीतिवाले नहीं हुआ करते। लोगों में जन्म को लेकर, कुल और देश को लेकर, धन और दरिद्रता को लेकर छोटा-बड़ा समझने की भावना प्रबल है। जिस देवता को देवगिरि में अधिष्ठित देख रहे हो, उसके उद्भव के प्रताप से तुम परिचित हो ही; लेकिन कदाचित् तुम्हें यह नहीं मालूम कि इस देवता का उत्पत्तिस्थान सरकंडों का जंगल है! जिस तेज को पार्वती नहीं धारण कर सकीं, अग्निदेव नहीं धारण कर सके, महिमामयी गंगा की धारा नहीं धारण कर सकी, उसे सरकंडों के घने जंगल ने निर्विकार भाव से स्वीकार कर लिया। कहते हैं, उस प्रदीप्त तेज से गंगा की धारा में भयंकर दाहक ज्वाला आविर्भूत हुई थी। उस तेज को सहन न कर सकने के कारण तरंग-रूपी हाथों से उन्होंने ठेलकर उसे पुलिन-भूमि पर फेंक दिया। वह

तेज सरकंडों के जंगल में छह टुकड़ों में विभाजित होकर कुमार 'षडानन' के रूप में आविर्भूत हुआ। उस समय पति-परित्यक्ता कृत्तिकाएँ उसी शरवन से कहीं जा रही थीं। उन्होंने षडानन कुमार को स्तन्यपान कराकर बड़ा किया, इसलिए उस कुमार का नाम कार्तिकेय पड़ा। सरकंडों के जंगल में पैदा होने के कारण इस महातेजस्वी कुमार के प्रति देवताओं में उपेक्षा-बुद्धि थी। कुमार ने विद्रोह किया। उस परम तेजस्वी कुमार के पराक्रम से विचलित होकर देव-सेना को उसे स्वामी-रूप में वरण करना पड़ा और तब जाकर राक्षसों के भयंकर उत्पात से देवलोक की रक्षा हो सकी। ऐसी प्रसिद्धि है मित्र, कि दीर्घकाल तक स्कन्दकुमार वन्य जातियों के ही देवता के रूप में पूजित रहे। आर्य जनता ने बहुत दिनों तक उन्हें अपना देवता नहीं माना। लेकिन तेज की कोई कब तक उपेक्षा कर सकता है? आज के प्रबल प्रतापी नरपतियों ने कुमार को प्रमुख देवता के रूप में स्वीकार किया है। प्राग्ज्योतिषपुर से वंक्षु-नद तक जो गुप्त-नरपतियों का प्रताप और विक्रम सूर्य के समान चमक रहा है, उसमें स्कन्द की आराधना का प्रमुख हाथ है। ऐसे महातेजस्वी देवता की उपेक्षा सिर्फ इसलिए करना कि वह सरकंडों के जंगल में उत्पन्न हुआ है, अनुचित बात थी। तुम ऐसा प्रमाद न कर बैठना। शरवन (सरकंडों का वन) में उत्पन्न देवता की आराधना किये बिना आगे न बढ़ना। देवगिरि में स्कन्ददेवता की आवास-भूमि के चारों ओर विषम पर्वत-मालाएँ हैं। सीधी उड़ान भरके तुम आगे नहीं बढ़ सकोगे। इस विषम पार्वत्य मार्ग को पार करने के लिए तुम्हें रह-रहकर ऊँचाई पर उड़ना पड़ेगा और इस प्रकार तुम्हें मार्ग को उल्लंघित करके जाना अर्थात् ऊपर उठ-उठके लाँघना पड़ेगा। ऐसा अवसर आ सकता है कि तुम्हें इतनी ऊँचाई पर उठना पड़े कि मार्ग में सिद्ध-दम्पतियों से टकरा जाना पड़े। ये लोग प्रतिदिन कुमार कार्तिकेय की पूजा करने के लिए इधर आया करते हैं। इन सिद्ध-दम्पतियों का सुन्दर रूप तुम्हें बड़ा मनभावना मालूम होगा, परन्तु यह आशंका नहीं है कि उन्हें रास्ता देने के लिए

तुम्हें दायें-बायें मुड़ना पड़े। अगर ऐसी वक्रगति से चलना पड़ा, तो तुम्हें अवश्य कष्ट होगा। सिद्ध-दम्पतियों के हाथ में मधुर-ध्वनि करनेवाली वीणा अवश्य रहती है। तुम्हें देखते ही वे अवश्य रास्ता छोड़ देंगे; क्योंकि उन्हें डर होगा कि तुम्हारे आर्द्र शरीर से जल के जो फुहारे अनायास निकला करते हैं, वे वीणा के तारों को भिगोकर ऐसा न बना दें कि उनसे सुन्दर ध्वनि निकलने में कठिनाई हो। अपनी वीणा को वे प्राणों से भी अधिक प्यार करते हैं, इसलिए मैं निश्चित जानता हूँ कि तुम्हें दूर से देखकर ही वे रास्ता छोड़ देंगे। इस प्रकार बाधाओं से विचलित हुए बिना तुम सरसर उड़ते चले जाना। देवगिरि की उच्चावच पार्वत्य भूमि को पार करते ही तुम्हें चम्बल के विस्तीर्ण ढूहों के ऊपर से उड़ना पड़ेगा। चम्बल का पुराना नाम चर्मण्वती है। शरवनोत्पन्न महातेजस्वी देवता कुमार कार्तिकेय के समान इस शक्तिशाली नदी के प्रति भी आर्य जनता ने दीर्घकाल से उपेक्षा का भाव बना रखा है। थोड़ी ही दूर पर जो दशपुर नाम का नगर मिलेगा, वहाँ के प्रतापी राजा रन्तिदेव ने 'गवालम्भ' यज्ञ किया था। इस संज्ञपन यज्ञ में सैकड़ों गायें बलि हुई थीं। कहते हैं कि उनके चमड़ों को धोकर सुखाया जाता था और उससे जो पानी बहा, वही चर्मण्वती नदी के रूप में परिणत हो गया। इन प्रदेशों में प्रसिद्ध है कि चमड़े से उत्पन्न होने के कारण यह नदी अपवित्र हो गई है। मैं जब इन गवालम्भ यज्ञों की कल्पना करता हूँ, तो भय से व्याकुल हो उठता हूँ। रुद्रों की माता, आदित्यों की स्वसा, वसुओं की दुहिता सुरभि-तनयाएँ क्या इसी प्रकार बलि देने के लिए बनी हैं? महाराज रन्तिदेव की कीर्ति चर्मण्वती नदी के प्रवाह में परिणत होकर रह गई और परिणाम यह हुआ है कि योजनों तक इस नदी ने अत्यन्त उर्वर भूमि को ऊबड़-खाबड़ ढूहों के रूप में वन्ध्या बना रखा है। जहाँ तक इस नदी के दृप्त पौरुष का सामर्थ्य है, वहाँ की भूमि को जोतने के लिए कोई 'गोवंश' का उपयोग नहीं कर सकता। पता नहीं प्रजा ने किस अभिप्राय से चर्मण्वती नदी के प्रादुर्भाव के विषय में ऐसी

कीर्तिकथा गढ़ ली है। परन्तु मैं कहता हूँ मित्र, जिस दिन प्रजा इस नदी के प्रवाह को मंगल-बुद्धि से निश्चित प्रणालिका-मार्ग से नियंत्रित कर लेगी, उस दिन इस बदनाम नदी के प्रवाह से सोना झरेगा। तेज को बुरा नाम देकर बदनाम करना अपनी असमर्थता का विज्ञापन करना है। तुम यहाँ भी चूक न जाना। जरा झुककर इस महातेजस्विनी नदी का सम्मान कर लेना। इससे तुम उपयुक्त व्यक्ति का उपयुक्त सम्मान ही करोगे।

त्वन्निष्यन्दोच्छ्वसित वसुधागन्धसंपर्क रम्य:
स्त्रोतोरन्ध्रध्वनितसुभगं दन्तिभि: पीयमान:।
नीचैर्वास्यत्युपजिगमिषोर्देवपूर्वं गिरिं ते
शीतो वायु: परिणमयिता काननोदुम्बराणाम्॥ 42॥

तत्र स्कन्दं नियतवसतिं पुष्पमेघीकृतात्मा
पुष्पासारै: स्नपयतु भवान् व्योमगङ्गाजलार्द्र:।
रक्षाहेतोर्नवशशिभृता वासवीनां चमूना—
मत्यादित्यं हुतवुहमुखे संभृतं तद्धितेज:॥ 43॥

ज्योतिर्लेखावलयि गलितं यस्य बर्हं भवानी
पुत्रप्रेम्णा कुवलयदलप्रापि कर्णे करोति।
धौतापाङ्गे हरशशिरुचा पावकेस्तं मयूरं
पश्चादद्रिग्रहणगुरुभिर्गर्जितैर्नर्तयेथा: ॥ 44 ॥

आराध्यैनं शरवणभवं देवमुल्लङ्घिताध्वा
सिद्धद्वन्द्वैर्जलकणभयाद्वीणिभिर्मुक्तमार्ग: ॥
व्यालम्बेथा: सुरभितनया लम्भजां मानयिष्य-
न्स्त्रोतोमूर्त्या भुवि परिणतां रन्तिदेवस्य कीर्तिम्॥ 45॥

"जिस समय तुम चर्मण्वती नदी में पानी लेने के लिए झुकोगे, उस समय तुम्हारा मार्ग छोड़कर हट गए हुए सिद्ध विद्याधर आदि देवजाति के गायक तुम्हारी जो अद्‌भुत शोभा देखेंगे, उसकी कल्पना करके मेरा हृदय उच्छ्वसित हो रहा है। कैसी होगी वह शोभा! सुदूर ऊपर से सिद्ध विद्याधर चर्मण्वती नदी की चौड़ी धारा को भी पतली लकीर के समान देखेंगे, उस पर झुका हुआ तुम्हारा यह नील शरीर, जिसने भगवान् विष्णु के रंग को चुरा लिया है, इन्द्रनीलमणि के समान दिखाई पड़ेगा! आँखें मल-मलकर सिद्धगण अवाक्-भाव से सोचेंगे कि धरती ने एक लड़ वाली मोती की माला तो नहीं पहन रखी है, जिसके मध्य भाग में बड़ी-सी इन्द्रनीलमणि शोभित हो रही है! धरती की एकावली मुक्तामाला की इन्द्रनीलमणि! सिद्ध विद्याधरों की दृष्टि जिस समय चकित भाव से इस शोभा को देखती रहेगी, उस समय वह अपने-आपमें भी मामूली शोभा नहीं होगी। मैं यह सोच-सोचकर पुलकित हो रहा हूँ।

त्वय्यादातुं जलमवनते शार्गिंगणो वर्णचौरे
तस्या: सिन्धो: पृथुमपि तनुं दूरभावात्प्रवाहम्।
प्रेक्षिष्यन्ते गगनगतयो नूनमावर्ज्य दृष्टी-
नेकं मुक्तागुणमिव भुव: स्थूलमध्येन्द्रनीलम्॥ 46॥

7

"थोड़ी देर के लिए सिद्ध विद्याधरों को चकित करनेवाली शोभा का हेतु बनकर तुम आगे बढ़ जाना। देर तक अच्छे-से-अच्छे कौतुक का पात्र बनना उचित नहीं होता। ज्योंही तुम चर्मण्वती के दूहों को पार करोगे, त्योंही दशपुर नामक नगर के ऊपर चक्कर काटते दिखाई दोगे। मित्र, सिद्धवधुओं की मुग्ध-चकित-दृष्टि का प्रसाद व्यर्थ नहीं जाएगा। दशपुर की वधुएँ भी तुम्हें अपनी बड़ी-बड़ी आँखों से कौतूहलपूर्वक देखेंगी। उन बड़ी-बड़ी आँखों

की भ्रूलताएँ विभ्रम-विलास से अनभिज्ञ नहीं हैं। जब उनके नयन-पक्ष्म ऊपर उठें और उनमें कृष्णशारप्रभा वाली वह मनोहर चितवन, जो रंगों में उछाले हुए कुन्द पुष्पों के पीछे दौड़नेवाली भ्रमरावली की शोभा की प्रतिस्पर्द्धिनी होती है, तुम्हारी ओर व्यापारित हो, तो मेरे सहृदय मित्र, तुम उनका लक्ष्य बनना। अपनी शोभा को ऐसे मनोहर नयनों का विषय नहीं बनाओगे, तो फिर इस सजल श्यामल रूप को कैसे चरितार्थ करोगे?"

यक्ष ने इतना कहने के बाद देखा कि मेघ मुस्करा रहा है। सोचने लगा, उससे क्या कोई प्रमाद हो गया है? क्या वह ऐसा कुछ कह गया है, जो उसे नहीं कहना चाहिए? विरह-विधुर का चित्त वश में नहीं रहता, कंठ गद्गद हो आता है और वाणी स्खलित हो जाती है। अवश्य उससे कोई स्खलन हुआ है, नहीं तो मेघ-जैसा मित्र ऐसी अर्थ-भरी हँसी नहीं हँसता। उसे तुरन्त स्मरण आया कि उसने दशपुर-वधुओं के नयनों को उपमा में कृष्णशारप्रभा की कान्तिवाला कहा है। जो कहना चाहता था, वह नहीं कहा गया; और जो नहीं कहना चाहता था, वह अनायास मुँह से निकल गया। कृष्णशार का अर्थ हुआ अधिक काली, कुछ सफेदी और कुछ लाली की मिश्रित छटा। वह दृष्टि जो 'अमिय हलाहल मद-भरी' होती है तथा जिसमें 'श्वेत, श्याम और रतनार' का मिश्रण होता है। लेकिन मेघ ने कहना चाहा था 'कृष्णसार' अर्थात् मृग-विशेष। उसके मन में रन्तिदेव के विकट यज्ञों की बात घूम रही थी। वह बताना चाहता था कि तुम जिस देश में जा रहे हो, वह याज्ञिक देश है। वहाँ कृष्णसार मृग स्वच्छन्द चरा करते हैं। उनकी काली-काली कँटीली आँखों की चितवन वैसी ही होती है, जैसी सफेद कुन्द-पुष्प के पीछे दौड़नेवाली भ्रमर-पंक्ति। परन्तु स्खलित वचन के कारण 'कृष्णसार' की जगह 'कृष्णशार' कह गया। बोला :

"बुरा क्या है मित्र! विरही बन्धु के स्खलित वचनों से यदि कृष्णसार मृग की कान्तिवाले नयन 'अमिय हलाहल मद-भरे' मान लिये जाएँ, तो जो व्यक्ति उनका विषय बन रहा है, उसे हानि ही क्या है? जानता हूँ,

तुम मेरे स्खलित वचनों से अपने ही वैदग्ध्य का अपलाप कर लेना चाहते हो। लेकिन मैं सचमुच मानता हूँ कि दशपुर-वधुओं के नयन, पवित्र यज्ञ-भूमि में संचरण करनेवाले कृष्णसार मृगों की प्रभा को ही धारण करते हैं। दशपुर-वधुओं की पवित्र आँखों से इन भीत-चपल मृगों और उनके भोले-भोले पवित्र दृगों की कान्ति ही तुलनीय हो सकती है। मैं सचमुच ही तुम्हें मादक दृष्टि का शिकार होने की आशंका से बचाना चाहता हूँ। मेरी स्खलित वाणी को प्रमाण न मान लेना।

"देखो बन्धु, तुम अब पवित्र यज्ञ-भूमि के मार्ग से संचरण करोगे। यहाँ का सौन्दर्य भी निश्छल और पवित्र होता है। इधर तो एक प्रकार के ऐसे भी रसिक जन दिखाई देने लगे हैं, जो पुरवधू के प्रत्येक कौतूहल में साभिलाष भाव ही देखते हैं। वे यह मानना ही नहीं चाहते कि पुत्र-वधुओं की कौतूहल-भरी दृष्टि जीवन-देवता की उस नित्य विमर्श-शक्ति की रूपमय अभिव्यक्ति है, जो प्रति क्षण मृत्यु के स्नान से सृष्टि को पवित्र करती रहती है और नित्य नवीन शोभा के प्रति औत्सुक्य-चंचल भाव जाग्रत करती है। कौतूहल नवीन के प्रति न जाने किस आत्मीयता के सम्बन्ध को निरन्तर व्यक्त करता रहता है। रम्य वस्तुओं को देखकर और मधुर ध्वनियों को सुनकर सुखित जन्तु भी पंर्युत्सुक हो उठता है। निस्सन्देह यह पर्युत्सुकी भाव अकारण नहीं है। अवश्य ही जन्म-जन्मान्तर का सौहार्द चित्त में व्याकुल स्मृतियों को जगाता रहता है और माया के कंचुक से वद्ध जीव छटपटाकर रह जाता है और उन सम्बन्धों को स्मरण नहीं कर पाता। कुतूहल विराट् अभेदानुभूति की प्रत्यक्ष दृग्गोचर अभिव्यक्ति है, उसको छोटा नहीं बनाना चाहिए। आगे-पीछे, दाहिने-बायें, जीवन में सैकड़ों वस्तुओं के प्रति मनुष्य कुतूहली होता है। कौन बताएगा मित्र, कि हमारे अस्तित्व के किस अतल गाम्भीर्य से अकारण सौहार्द की यह क्षीण आभा हमारे चैतन्य के उपरले स्तर को क्षण-भर के लिए उद्‍भासित कर दिया करती है! मैं भी नहीं जानता और तुम भी नहीं जानते कि पौर-रमणियों और जानपद-वधुओं की

मुग्ध दृष्टियों में तुम्हारी इस श्यामल शोभा के प्रति कौन-सा सौहार्द-भाव अहेतुक उद्वेल हो उठता है! कहीं कुछ गहराई में होना चाहिए जो हमारी सारी सत्ता को आलोड़ित कर देता है।"

यक्ष ने देखा कि मेघ के परिहास-लोल मुखमंडल पर गम्भीर भाव आ गया है। वह सौन्दर्य-तत्त्व की अधिक व्याख्या सुनने को प्रस्तुत नहीं है। विरही हो, तो विरही की तरह बात करो बाबा! मनुष्य-जीवन के अस्तित्व की गहराई में डुबकी क्यों लगाते हो? क्षण-भर के लिए उसका कंठ सूख गया, आँखें सजल हो गईं। ऐसा जान पड़ा, जैसे हृदय-स्थित प्रिया ने भृकुटि-तर्जन के साथ कहा हो : 'विलम्ब के कारण तुम हो।' यक्ष ने अपना अपराध समझा। दशपुर तक पहुँची हुई उसकी दृष्टि तीव्र गति से अलका की ओर धावमान हुई। उसने देखा—मेघ सरस्वती और दृषद्वती नामक देव-नदियों के अन्तर्वर्ती द्वाव में उड़ता चला जा रहा है। उसकी छाया इस देवनिर्मित ब्रह्मावर्त्त-देश को अवगाहित करती हुई आगे बढ़ती जा रही है। वह उस इतिहास-विश्रुत कुरुक्षेत्र प्रदेश के ऊपर उड़ता जा रहा है, जहाँ किसी समय गांडीव-धन्वा अर्जुन ने इसी प्रकार वाण की वर्षा से छबीले नौजवान वीरों के मनोहर मुखों को अपने वाणों की सफेद धारा से उसी प्रकार भूलुंठित कर डाला था, जिस प्रकार झमाझम वर्षा करके उसका मित्र मेघ कुरुक्षेत्र के सरोवरों के कमलों को निपातित कर रहा है। ठीक रास्ते-रास्ते जा रहे हो दोस्त, आगे बढ़ते जाओ। अलका जाने का मार्ग इसी क्षत्रिय-विनाशी क्षेत्र के ऊपर से है। हाय, हाय! युद्ध की भीषण ज्वाला में इस कौरव-क्षेत्र में न जाने कितनी सुहागिनों का सुहाग झुलस गया था। गांडीव-धन्वा के प्रबल भुजदंड ने न जाने कितने होनहार तरुणों का वध किया था। युद्ध भी कैसा भयंकर रोग है! जब वह मनुष्य के चित्त को उन्मत्त बना देता है, तो एक-दूसरे के प्राण-घात के लिए तत्पर जंगली भैंसों से मनुष्य में कोई अन्तर नहीं रह जाता। लेकिन अब बात बढ़ाना उचित नहीं है। कुरुक्षेत्र का रक्त-कर्दम अब सूख गया है। कालदेवता का स्निग्ध भृकुटि-पात इस

भयंकर नर-संहार के ऊपर विस्मृति का पर्दा डाल चुका है—उसी प्रकार जिस प्रकार, मेघ इस धरती पर अपनी छाया डालता भागा जा रहा है।

तामुत्तीर्य व्रज परिचितभ्रूलताविभ्रमाणां
पक्ष्मोत्क्षेपादुपरि विलसत्कृष्णशारप्रभाणाम्।
कुन्दक्षेपानुगमधुकरश्रीमुषामात्मबिम्बं
पात्रीकुर्वन् दशपुरवधूनेत्रकौतूहलानाम्॥ 47॥

ब्रह्मावर्तं जनपदमथच्छायया गाहमान:
क्षेत्रं क्षत्रप्रधनपिशुनं कौरवं तदभजेथा:।
राजन्यानां शितशरशतैर्यत्र गांडीवधन्वा
धारापातैस्त्वमिव कमलान्यभ्यवर्षन्मुखानि॥ 48॥

मेघ अब सरस्वती के पवित्र जल के ऊपर उड़ता चला जा रहा है। सरस्वती का पवित्र जल! महाभारत के सबसे फक्कड़ और मस्तमौला वीर बलराम जब कौरव और पांडव सेनाओं में अपने ही प्रियजनों को जूझते देखकर युद्ध से विमुख हो गए थे, तो इस भयंकर शस्त्र-प्रतिद्वन्द्विता में निरर्थक अहंकारों और संकीर्ण वैर-भाव का आभास पाकर वे कुरुक्षेत्र की भीषण मार-काट से दूर रहने का संकल्प लेकर इसी सरस्वती नदी के तट पर आ बसे थे। अपनी अत्यन्त प्रिय हाला को, जो रेवती के नयनों से अंकित होने के कारण और भी मादक हो उठती थी, छोड़कर इस सरस्वती के पवित्र जल का ही सेवन करते थे। उल्लसित भाव से यक्ष ने कहा :

"मित्र, तुम भी इस पवित्र जल का पान करके शुद्ध हो जाओगे। भीतर स्वच्छ और ऊपर से काले।"

हित्वा हालामभिमतरसां रेवतीलोचनाङ्कां
बन्धुप्रीत्या समरविमुखो लाङ्गली या: सिषेवे।
कृत्वा तासामभिगममपां सौम्य सारस्वतीना—
मन्त: शुद्धस्त्वमपि भविता वर्णमात्रेण कृष्ण:॥ 49॥

मेघ और भी आगे बढ़ता है। उस महिमामयी नदी के पास पहुँचता है, जो कनखल के निकट शैलाधिराज हिमालय से नीचे उतरती है। यह जह्नुमुनि की कन्या राजा सगर के पुत्रों को स्वर्ग भेजने में सोपान-पंक्ति बन गई थी। गंगा सचमुच महिमामयी नदी है। जितनी ही पवित्र, उतनी ही शक्तिमती। महिमामयी गंगा ने गौरी की कुटिल भृकुटियों की परवाह नहीं की, अपने उज्ज्वल फेनों के बहाने उनकी इस भ्रूभंगिमा का उपहास किया, और स्वाधीनभर्तृका ज्येष्ठा नायिका की भाँति अपने तरंग-रूपी हाथों से शिव के भालदेश में विराजमान चन्द्रमा से लगकर भगवान् शंकर के केशों को पकड़ लिया था। मेघ यहाँ भी उड़ता चला जा रहा है! क्या इस महिमामयी नदी को वह यों ही छोड़ जाएगा?

"नहीं मित्र, गंगा संसार की अप्रतिम नदी है। वह भगवान की उपचिकीर्षा का ही स्रोतमय रूप है। इस पवित्र नदी का पानी तुम्हें पीना ही पड़ेगा। जब तुम गंगा का स्वच्छ स्फटिक के समान निर्मल जल पीने के लिए झुकोगे, तो ऐसा मालूम होगा, जैसे कोई विशाल दिग्गज अपना आधा पिछला हिस्सा उठाकर पानी के लिए आकाश से झुकता आ रहा है। उस निर्मल जलधारा में तुम्हारी काली छाया जब दौड़ती रहेगी, तो देखनेवालों को ऐसा अभिराम मालूम होगा, जैसे प्रयोग के बहुत पहले ही अप्रत्याशित स्थान पर गंगा और यमुना का संगम हो रहा है।"

तस्माद्गच्छेरनुकनखलं शैलराजावतीर्णां
जह्नोः कन्यां सगरतनयस्वर्गसोपानपंक्तिम्।
गौरीवक्त्रभृकुटिरचनां या विहस्येव फेनैः।
शंभोः केशग्रहणमकरोदिन्दुलग्नोर्मिहस्ता॥ 50॥

मेघ और भी आगे बढ़ता है। यक्ष के कल्पना-विहारी नयनों के सामने शोभा का समुद्र लहरा उठता है। अब हिमालय की देवभूमि सामने आती जा रही है। गंगा जिस पर्वत से निकलती है, उसकी शिलाओं में कस्तूरीमृग के बैठने के कारण सुगन्धि आ गई होती है। वह नीचे से ऊपर तक

हिमाच्छादित होने के कारण सफेद दिखाई देता है। इसी तुषार-गौर पर्वत की ऊँची चोटी पर मेघ थोड़ा विश्राम करता है।

"ठीक है, मित्र, देवगिरि से इस तुषार-गौर पर्वत तक तुम केवल उड़ते ही जा रहे हो। नदियों का पानी पीते हो और प्रजा के मंगल के लिए उसे दोनों हाथों लुटाते हो। थोड़ा विश्राम तो करना ही चाहिए। मैं उस शोभा की कल्पना कर सकता हूँ, जिस समय तुम गंगा को जन्म देनेवाले महान् गिरिराज के तुषार-गौर श्रृंग पर क्षण-भर के लिए विश्राम करने लगोगे, उस समय ऐसा जान पड़ेगा कि महादेव के श्वेत वृषभ ने कहीं कीचड़ में अपनी सींगों से जमके उखाड़ने का सुख लूटा है, और अब उन सींगों में काला कीचड़ लिपटा हुआ है। यदि यह देखना कि विशालकाय देवदारु वृक्षों की शाखाओं के संघर्ष से उत्पन्न दावाग्नि ने चमरी गौओं की सुन्दर पुच्छों को झुलसा दिया है, और इस प्रकार वह हिमालय को पीड़ा पहुँचा रही है, तो सहस्रधार होकर बरस जाना। तुम्हें इस प्रकार पीड़ा पहुँचानेवाले दावानल को अवश्य शान्त कर देना चाहिए। सज्जनों के पास जब सम्पत्ति आती है, तो उसका एक ही फल होता है—दुखित जनों के दु:ख का निवारण। यदि विपत्तिग्रस्त लोगों को विपत्ति से बचाया न जा सके, तो सम्पत्ति का मूल्य ही क्या है? जड़-सम्पत्ति संचित होकर केवल विकार की सृष्टि करती है; किन्तु विपत्तिग्रस्त लोगों की सेवा में नियोजित होकर वह सार्थक हो जाती है। इसीलिए कहता हूँ कि उत्तम जनों की सम्पत्ति का एक ही फल है—दुखित जनों का दु:ख-निवारण। तुम्हारे पास जो जल-धारा की सम्पत्ति है, उसका भी यही उपयोग होना चाहिए। मित्र! हिमालय में लगी हुई दावाग्नि को धारासार वर्षा के द्वारा शमन करना तुम्हारा कर्तव्य है।

तस्या: पातुं सुरगज इव व्योम्नि पश्चार्द्धलम्बी
त्वं चेदच्छस्फटिकविशदं तर्कयेस्तिर्यगम्भ:।
संसर्पन्त्या सपदि भवत: स्रोतसिच्छाययासौ
स्यादस्थानोपगतयमुनासंगमेवाभिरामा ॥51॥

आसीनानां सुरभितशिलं नाभिगन्धैर्मृगाणां
तस्या एवं प्रभवमचलं प्राप्य गौरं तुषारैः॥
वक्ष्यस्यध्वश्रमविनयने तस्य शृङ्गे निषण्णः
शोभां शुभ्रत्रिनयनवृषोत्खातपङ्कोपमेयाम्॥ 52॥

"यदि तुम्हारे गर्जन को न सहकर क्रोध से उन्मत्त होकर शरभ नामक हिरण उछल-कूद मचाएँ और तुम्हारे मार्ग में बाधा उपस्थित करें, तो उन्हें उचित दंड देना। हिमालय के वन-प्रदेश में रहनेवाले ये मृग बड़े चंचल होते हैं। मेघ-गर्जन से क्रुद्ध होकर जब ये कूदने लगते हैं, तो इस बात का भी ध्यान नहीं रखते हैं कि उछल-कूद से उन्हीं का अंग-भंग होगा। ये तुम्हारा मार्ग तो क्या रोक सकेंगे, लेकिन जब ये झुंड-के-झुंड निकलकर वेगपूर्वक कूदने और दौड़ने लगेंगे, तो कठिनाई अवश्य उत्पन्न कर देंगे। ओले गिराकर उन्हें तुम तितर-बितर कर देना। इस प्रकार के निष्फल प्रयत्न करनेवालों को परिभव नहीं मिलेगा, तो और क्या मिलेगा? अपनी शक्ति को न समझकर बड़ों की मर्यादा लाँघने की हिमाकत करनेवाले इसी प्रकार अपमानित होते हैं।

तं चेद्वायौ सरति सरसस्कन्धसंघट्टजन्मा
बाधेतोल्काक्षपितचमरीबालभारो दवाग्निः।
अर्हस्येनं शमयितुमलं वारिधारासहस्रै
रापन्नार्तिप्रशमनफलाःसम्पदो ह्युत्तमानाम्॥ 53॥

ये सरम्भोत्पतनरभसाः स्वांगभंगाय तस्मि-
न्मुक्ताध्वान सपदि शरभा लङ्घयेयुर्भवन्तम्।
तान्कुर्वीथास्तुमुलकरकावृष्टिपातावकीर्णान्।
के वा न स्युः परिभवपदं निष्फलारम्भयत्नाः॥ 54॥

"हिमालय का यह प्रदेश भगवान शंकर के संचार से अत्यन्त पवित्र हो गया है। यहाँ की एक शिला तो उनके चरणों से निश्चित रूप से चिह्नित है। सिद्ध-जन नित्य इसकी पूजा किया करते हैं। जब तुम इस स्थान पर पहुँचना तो भक्ति-नम्र होकर उसकी प्रदक्षिणा अवश्य कर लेना। हिमालय की भूमि में विचरण करनेवाले सिद्ध लोगों ने मंत्र-तंत्र योग का बहुत प्रचार कर रखा है, किन्तु उनमें भक्ति का अभाव है। भगवान् शंकर के प्रति जिन लोगों की श्रद्धा है और उनके ऊपर जिनका अखंड विश्वास है, वे ही शाश्वत पद के अधिकारी हैं। इसके दो करण हैं : बाह्यकरण और अन्त:करण। मनुष्य जब तक अपनी बुद्धि पर भरोसा रखता है, तब तक वह अशाश्वत और शाश्वत तत्त्वों का भेद भुला नहीं पाता। बाह्यकरणों के प्रति अनास्था होने के बाद भी वह अन्त:करणों को अर्थात् मन, बुद्धि इत्यादि को कसके पकड़े रहता है। वह समझता है कि काम, क्रोध, लोभ, मोह आदि शत्रु उसके पीछे पड़े हुए हैं, इनका उच्छेद किये बिना वह शान्ति की साँस नहीं ले सकता। कष्टसाध्य तपस्याओं के द्वारा और कठिन योग-क्रियाओं के द्वारा वह अपने अन्त:करण के विकारों को मारने का प्रयत्न करता है। लेकिन ये विकार क्षीण होकर भी जीवित रह जाते हैं। और जरा भी शिथिलता आई कि धर दबोचते हैं। मैं मानता हूँ मित्र, कि अन्त:करण के इन विकारों का उन्मूलन करने का प्रयत्न ही व्यर्थ है। ये तो हमारे अन्तरात्मा के सीमा-बद्ध होने के लक्षण हैं। विद्या, कला, राग, काल और नियति—माया के इन पाँच कंचुकों से कंचुकित शिव ही जीवरूप में प्रकट हुआ है। जब तक जीव 'जीव' है, तब तक न तो वह इन विकारों से मुक्त हो सकता है और न इन विकारों को असत्य कहा जा सकता है। ये सभी जीव के अपने सत्य हैं। इनके पाप-आकर्षण से भीत नहीं होना चाहिए। श्रद्धा और भक्ति के द्वारा इनकी वृत्ति को जड़ विकारों की ओर से हटाकर चिन्मय तत्त्व की ओर उन्मुख कर देना चाहिए। जड़-विषयक रति को चिद्विषया बना देने के सिवा भक्ति का कोई और

मतलब नहीं होता। जो रति पुत्र, दारा और धनादि के प्रति है, उसे समस्त चराचर के मूल में स्थित चिदानन्दमय महासत्य की ओर उन्मुख कर देने का नाम ही भक्ति है। उस समय अन्त:करण के विकारों को सुखा देने या नष्ट कर देने का प्रयत्न नहीं होता, बल्कि अन्त:करण को दूसरी ओर फेर देने का प्रयत्न होता है। मनुष्य के लिए यह मार्ग सहज और स्वाभाविक है। श्रद्धावान होकर जीव अपने-आपको ही पा जाता है। अन्त:करण के इस अन्यमुखीकरण को मैं 'करणविगम' कहता हूँ—'करणविगम' अर्थात् 'करणों' को दूसरी ओर मोड़ देना। एक बार यदि समस्त अन्त:करण की प्रवृत्तियों और बाह्यकरणों की प्रचेष्टाओं को चिद्घन-विग्रह महादेव के चरणों में केन्द्रित किया जा सके, तो समस्त पाप और कल्मष स्वयमेव नष्ट हो जाते हैं और उस महादेव के शाश्वत अनुचर होने का सौभाग्य प्राप्त कर लिया जाता है। इसलिए महादेव के चरण-न्यास से पवित्र शिलापट्ट को भक्ति-भाव से प्रणाम करने के बाद तुम महादेव के प्रति श्रद्धा न खोओगे और उस फल को प्राप्त करोगे जिससे बढ़कर कोई दूसरी चरितार्थता नहीं।

तत्र व्यक्तं दृषदि चरणन्यासमर्धेन्दुमौले:
शश्वत्सिद्धैरुपचितबलिं भक्तिनम्र: परीया:।
यस्मिन्दृष्टे करणविगमादूर्ध्वमद्धूतपापा:
संकल्पन्ते स्थिरगणपदप्राप्तये श्रद्दधाना: ॥ 55 ॥

"देखो भाई, हिमालय पर कीचक जाति के बाँस पाए जाते हैं जो वायु से पूर्ण होकर मधुर ध्वनि किया करते हैं। वहीं किन्नर युवतियाँ सम्मिलित भाव से त्रिपुर-विजय का गान भी करती हैं। इसी प्रकार स्वाभाविक वेणुनिनाद के साथ कलकंठी किन्नरियों का गान चलता रहता है। कमी केवल मुरज वाद्य की रह जाती है। यदि उस प्रदेश की कन्दराओं में तुम्हारा गर्जन ध्वनित हो उठे, तो भगवान् शंकर के संगीत का जो अंग अपूर्ण रह गया है, वह पूर्ण हो जाएगा। ऐसा सौभाग्य किसे मिलता है? कीचक-वेणुओं

की अयत्न-साधित मधुर वंशी-ध्वनि और तुम्हारे मधुर गर्जनों से प्रतिध्वनित गिरिकन्दराओं से निकलनेवाली मृदंग-ध्वनि, और इन दोनों के साथ ताल मिलाती हुई किन्नर-वधुओं की कंठ-ध्वनि। तुम्हारे इस मनोहर सौभाग्य की बलिहारी है, मित्र!

"हिमालय के तट-प्रदेश के जो भी दर्शनीय स्थान हैं, उन्हें तुम देख लेना; मगर जल्दी करना। यथासम्भव एक उड़ान में इन सुन्दर स्थलों को देखकर आगे बढ़ना। आगे तुम्हें हंस-द्वार मिलेगा। इसी मार्ग से प्रतिवर्ष सहस्त्रों हंस, कारण्डव और क्रौंच पक्षी उत्तर कुरु पर्वत तक उड़कर जाते हैं। कहते हैं कि किसी समय शिवजी से अस्त्रविद्या सीखते समय परशुरामजी ने स्कन्द के साथ प्रतियोगिता करके एक बाण में क्रौंच पर्वत को इस प्रकार छेद डाला था, जैसे वह मिट्टी का ढेला हो! तब से यह क्रौंच-रन्ध्र परशुरामजी के यश का मार्ग ही बन गया। इसी मार्ग से उत्तर की ओर प्रस्थान करना। जब उस समय तिरछी उड़ान लेकर उड़ोगे, तो ऐसा जान पड़ेगा कि बलि को नियमन करने के लिए त्रिविक्रमरूप-धारी विष्णु के श्याम चरण ही शोभित हो रहे हैं। विष्णु ने भी तिर्यक् गति के कारण इसी प्रकार का तिरछा पादन्यास किया था।

शब्दायन्ते मधुरमनिलैः कीचकाः पूर्यमाणाः
संसक्ताभिस्त्रिपुरविजयो गीयते किन्नरीभिः।
निर्ह्रादस्ते मुरज इव चेत्कन्दरेषु ध्वनिस्या-
त्संगीतार्थो ननु पशुपतेस्तत्र भावी समग्रः ॥ 56 ॥

प्रालेयाद्रेरुपतटमतिक्रम्य तांस्तान्विशेषा-
न्हंसद्वारं भृगुपतियशोवर्त्म यत्क्रौञ्चरन्ध्रम्।
तेनोदीचीं दिशमनसुरेस्तिर्यगायामशोभी
श्यामः पादो बलिनियमनाभ्युद्यतस्येव विष्णोः ॥ 57 ॥

"इस तिरश्चीन उड्डान के द्वारा ऊपर उड़कर तुम एकदम कैलास के अतिथि हो जाओगे—कैलास, जिसकी सानुदेश की सन्धियाँ दस मुखवाले रावण की बीसों भुजाओं से झकझोर डाली गई थीं, जिसकी स्फटिक-निर्मल चोटियाँ देवांगनाओं के दर्पण का काम करती हैं, और जिसकी कुमुद के समान स्वच्छ ऊँची चोटियाँ आसमान में व्याप्त होकर इस प्रकार स्थित हैं, मानो त्रिनयन महादेव तांडव-काल में जो अट्टहास करते हैं, वह प्रतिदिन संचित होता हुआ इस प्रकार पंजीभूत हो गया है। इस महान् कैलास को देखकर तुम्हारे चित्त में गरिमा-जन्य श्रद्धा और समृद्धि-जन्य कौतूहल एक ही साथ उदित होंगे।"

गत्वा चोर्ध्वं दशमुखभुजोच्छ्वासितप्रस्थसंधे:
कैलासस्य त्रिदशवनितादर्पणस्यातिथि: स्या:।
शृङ्गोच्छ्रायै: कुमुदविशदैर्यो वितत्य स्थित: खं
राशीभूत: प्रतिदिनमिव त्र्यम्बकस्याट्टहास:॥ 58॥

यक्ष की कल्पना-प्रवण आँखों ने शुभ्र कैलास के ऊपर उड़ते हुए मेघ को देखा। कैसी अपूर्व शोभा थी, वह! मेघ की श्यामल कान्ति ऐसी दिखाई दे रही थी, जैसे यत्नपूर्वक मर्दित स्निग्ध आँजन में निखर आई हुई आश्यामल कान्ति हो! जब अंजन काँस्य पात्र पर रखे हुए नवनीत में मिलाकर देर तक मर्दित किया जाता है, तो उसमें एक प्रकार की स्निग्ध-मेदुर श्यामल कान्ति निखर आती है जो गाढ़ कज्जल के वर्ण से थोड़ी हल्की होती है। आषाढ़ के प्रथम जलधर में वैसी ही मोहन कान्ति पाई जाती है। यक्ष कल्पना की आँखों से देख रहा है कि हाथी के दाँत के समान शुक्ल वर्ण के पर्वतशृंग पर स्निग्ध भिन्नांजन कान्तिवाला मेघ छाया हुआ है। बलिहारी है उस मनोहर छवि की! ऐसा जान पड़ता है कि गौर वर्ण के प्रियदर्शन बलरामजी अपने कन्धों पर कोई काला उत्तरीय धारण करके खड़े हैं। आहा, यह शोभा तो 'स्तिमित' नयनों से देखने योग्य है! यक्ष की कल्पनाशील आँखों में यह मनोहर दृश्य टँगा-सा रह गया।

उत्पश्यामि त्वयि तटगते स्निग्धभिन्नाञ्जनाभे
सद्यः कृत्तद्विरददशनच्छेदगौरस्य तस्य।
शोभामद्रेः स्तिमितनयनप्रेक्षणीयां भवित्री-
मंसन्यस्ते सति हलभृतो मेचके वाससीव॥ 59॥

कैलास पर्वत हर-गौरी का क्रीड़ा-निकेतन है। 'शम्भु-रहस्य' में बताया गया है कि चार पर्वतों को शिवजी की क्रीड़ा के लिए बनाया गया—कैलास, सुमेरु, मन्दर और गन्धमादन। उनमें भी कैलास शिवजी का सबसे प्रिय क्रीड़ा-शैल है। यहीं शिव और पार्वती का नित्य-विहार चलता रहता है। निखिल ब्रह्मांड में व्याप्त शिव और शक्ति की जो रहस्यमयी लीला लोकचक्षु से अगोचर होकर निरन्तर चल रही है, वही यहाँ प्रत्यक्ष विग्रह धारण करके भक्त जनों को स्पष्ट दिखाई देती है। यहाँ प्रत्येक पिंड में चलनेवाली शिव और शक्ति की वह लीला मनोविकारों के रूप में अपूर्णता से पूर्णता की ओर जाने के इंगित रूप में प्रत्यक्ष हो रही है। असम्भव नहीं कि जब मेघ वहाँ पहुँचे, उसी समय शिवजी अपने सर्पों के कंकन का परित्याग करके गौरी का हाथ पकड़कर इस कैलास पर्वत पर घूम रहे हों। यह भी सम्भव है कि उस समय वे दोनों ही पैदल चंक्रमण के लिए निकल पड़े हों। यदि शिव का करावलम्ब पाकर गौरी लीलापूर्वक उस क्रीड़ा-शैल पर विचरण कर रही हों, तो मेघ का क्या कर्तव्य होता है? पर्वत-श्रेणियों में उतरने-चढ़ने में उनको कष्ट होता होगा।

"देखो मित्र, यह तुम्हारे लिए बहुत ही उपयुक्त अवसर होगा। उस समय तुम अपनी जल-राशि को भीतर ही रोककर अपने वाष्प-निर्मित शरीर को जरा कड़ा बना लेना और अपने शरीर को इस भंगिमा में रचित करना कि वह सीढ़ी-जैसा बन जाए। तुम इन्द्र देवता के कामरूप अनुचर हो, तुम्हारे लिए असम्भव क्या है? अपने अंगों को इस प्रकार मोड़ना कि मणितट पर चढ़नेवाली गौरी के लिए सोपान बन जाए। इससे बढ़कर जीवन को चरितार्थ करने का अवसर तुम्हें कहाँ मिलेगा मित्र?

हर-पार्वती के चरणों से पवित्र होने का अवसर कितने बड़भागियों को मिलता है।

हित्वा तस्मिन्भुजगवलयं शंभुना दत्तहस्ता
क्रीड़ाशैले यदि च विचरेत्पादचारेण गौरी।
भङ्गीभक्त्या विरचितवपुः स्तम्भितान्तर्जलौघः
सोपानत्वं कुरु मणितटारोहणायाऽग्रयायी ॥ 60 ॥

"एक खतरा भी है। उस क्रीड़ा-शैल पर कौतुकशीला देवांगनाएँ अपने कंकणों में लगे हुए हीरों की नोक से तुम्हारे शरीर को वेध-वेधकर जलधारा भी निकालने का प्रयत्न करेंगी। तकलीफ तो तुम्हें होगी ही, लेकिन सुरयुवतियों के इस विनोद से तुम यंत्रधारा-गृह के समान बन जाओगे। बड़े रईसों के घर में अनेक यत्न के द्वारा जो यंत्रधारा-गृह बनाए जाते हैं, वे वहाँ अनायास बन जाएँगे। वे छोड़ भी कैसे सकती हैं दोस्त! इतनी गर्मी के बाद वे तुम्हें पाई रहेंगी। मेरा अनुमान है कि तुम सहज ही नहीं छूट पाओगे। भगवान् जाने, तुम छूटना चाहोगे भी या नहीं! लेकिन काम तो तुम्हें मेरा करना ही पड़ेगा। यदि उनसे छुटकारा न मिले, तो मैं तुम्हें उपाय भी बताए देता हूँ। इन क्रीड़ा-चंचल युवतियों से बचने का एक उपाय है। उन्हें जरा श्रवण-परुष डरावने गर्जन से भयभीत बना देना। इन भय-त्रस्त तरुणियों का भागना भी तुम्हें कम पसन्द नहीं आएगा। बस, अब तुरन्त आगे बढ़ जाना।

तत्रावश्यं वलयकुलिशोद्घट्टनोद्गीर्णतोयं
नेष्यन्ति त्वां सुरयुवतयो यंत्रधारागृहत्वम्।
ताभ्यो मोक्षस्तव यदि सखे धर्मलब्धस्य न स्यात्
क्रीड़ालोलाः श्रवणपरुषैर्गर्जितैर्भीषयेस्ताः ॥ 61 ॥

"फिर तो तुम स्वर्ण-कमलों को उत्पन्न करनेवाले मान-सरोवर का जल पीना और ऐरावत के मुँह पर इस प्रकार छा जाना कि मालूम हो,

किसी ने उसे 'मुख-पट' से सज्जित किया है, और फिर कल्पद्रुम के उन पल्लवों को, जो झीने वस्त्रों के समान शोभित हो रहे हों, कँपा देना, और इस प्रकार अनेक प्रकार की ललित क्रीड़ाओं के द्वारा मन बहलाते हुए उस पर्वतराज कैलास में प्रवेश करना। तुम कामचारी हो, उस कैलास पर्वत की गोद में अलका उसी प्रकार बैठी हुई है, जैसे अपने प्रणयी की गोद में कोई ऐसी सुन्दरी विराज रही हो, जिसका दुकूलपट्ट शिथिल होकर दूसरी ओर सरक गया हो। यह तुम्हें बताने की जरूरत नहीं होगी कि वही अलकापुरी है। तुम्हारे जैसे निपुण कामचारी के लिए उसे देखकर पहचान न पाना असम्भव बात है। सतमंजिले मकानों से भरी हुई यह अलकापुरी वर्षाकाल में मेघमाला को उसी प्रकार धारण करती है, जैसे कोई कामिनी मुक्ता-जलग्रथित अलकों को धारण करती है।"

हेमाम्भोजप्रसवि सलिलं मानसस्याददान:
कुर्वन्कामं क्षणमुखपटप्रीतिमैरावतस्य।
धुन्वन्कल्पद्रुमकिसलयान्यंशुकानीव वातै-
र्नानाचेष्टर्जलद ललितैर्निर्विशेस्तं नगेन्द्रम्॥ 62॥

तस्योत्सङ्गे प्रणयिन इव स्रस्तगङ्गादुकूलां
न त्वं दृष्ट्वा न पुनरलकां ज्ञास्यसे कामचारिन्।
या व: काले वहति सलिलोद्गारमुच्चैर्विमाना
मुक्ताजालग्रथितमलकं कामिनीवाभ्रवृन्दम्॥ 63॥

उत्तर मेघ

अथ अलका। अब रास्ता बताने की जरूरत नहीं। मेघ—विरह-व्याकुल प्रियतम का सन्देशहर मेघ—अब गन्तव्य स्थान तक पहुँच जाएगा! यक्ष सोचने लगा, यह वह काल है जब, मर्त्यलोक में प्रबल वायु से आध्मात होकर महिष के समान नीलकान्ति को धारण करनेवाले जलधर झमाझम बरस रहे हैं, चंचल विद्युल्लता रह-रहकर कौंध उठती है, और आसमान से बरसती हुई वारिधारा को क्षण-भर के लिए उज्ज्वल दीप्ति से देदीप्यमान कर देती है। पृथ्वी पर नये-नये हरित कान्तिवाले तृण-शाद्वल आनन्दोल्लास में आसमान को छूने का प्रयत्न करना चाह रहे हैं और ऐसा जान पड़ता है कि क्रुद्ध जलधर इस स्पर्धा को सहन नहीं कर पा रहे हैं और मणिमय बाणों की अन्धाधुन्ध वध करके पृथ्वी के वक्षःस्थल को शीर्ण-विदीर्ण करने पर तुले हुए हैं। आकाश में विचरण करनेवाले पक्षी भी क्रुद्ध जलधरों के इस अभियान में सहायक सिद्ध हो रहे हैं। रंगीन-बर्हभार से मतवाले बने मयूर विकट केका-ध्वनि के साथ बादलों को बढ़ावा दे रहे हैं। आसमान में अपना एकमात्र अधिकार माननेवाली बलाकाएँ चीत्कार करके मेघों को ललकार रही हैं और कमल पत्रों का आसन छोड़कर आकाश में सोल्लास भागती हुई हंसों की पंक्ति आनन्दोद्गार के साथ जयध्वनि कर रही है। मर्त्यलोक में क्रुद्ध जलधरों ने कुहराम मचा रखा है; लेकिन अलका अभी शान्त है। अब भी वहाँ प्रथम मेघ का दर्शन नहीं हुआ है, अब भी

वहाँ की कमलिनियाँ अनुद्विग्न हैं; अब भी वहाँ की मरकत सोपानवाली वापियों में स्फटिक के समान स्वच्छ जल शान्त और स्थिर है। अब भी मन्दाकिनी की तीव्र धारा भीषण आवर्तों से संकुल नहीं हुई है। अब भी वहाँ के गिरि-शिखर ढूँसा मारनेवाले महावृषभ की सींग पर लगे हुए पंक के समान धूसर कान्ति नहीं धारण कर पाए हैं।

आठ महीने बाद आज पहली बार मेघ अलकापुरी में पहुँचा है। अलका, कैलास की मोहिनी प्रियतमा, प्रकृति-सुन्दरी की कुञ्चित अलकावली, सौन्दर्य-लक्ष्मी के भालपट्ट पर शोभित होने वाली कस्तूरी की बिन्दी! बीहड़ अरण्यों और दुर्गम शैल-प्रान्तरों को पार करता हुआ, शानदार नगरों और मनोहर उद्यानों को धन्य करता हुआ, उत्तुंग शैल-शिखरों और अभ्रंकष सौध-शृंगों पर विश्राम करता हुआ, देव-मूर्तियों और देव-तीर्थों के दर्शन से कृतार्थ होता हुआ मेघ थके-माँदे तीर्थयात्री की भाँति मार्ग की सारी क्लान्ति को भूलकर अपने गन्तव्य स्थान पर आ पहुँचा है। यक्ष के उत्कंठा-कातर चित्त में बार-बार यह आशंका हो रही है कि, यह मेघ अलका के महत्व को ठीक-ठीक समझ सकेगा कि नहीं। अपनी प्रिय वासभूमि को नित्य निवास करनेवाला व्यक्ति जितने गौरव के साथ देखता है, उतना क्या अजनबी अनुभव कर सकता है? प्रेम और आदर परिचय से उत्पन्न होते हैं। जिसे पहचाना ही नहीं, उसके प्रति प्रेम कैसा और उसके गौरव के सम्बन्ध में आदर भी कैसा? फिर मर्त्यलोक का प्रेमी यह मेघ उस देवपुरी को क्या समझ सकेगा, जिसके बारे में यहाँ अनेक प्रकार की ऊल-जलूल कल्पनाएँ प्रचलित हैं? मर्त्यलोक के भोले लोग यह विश्वास करते हैं कि इस देवपुरी के निवासियों की आँखों से पीड़ा और वेदना के आँसू निकलते ही नहीं। अश्वत्थ की सुकुमार टहनी से जब उसका सूखा हुआ जीर्ण-पत्र चुपचाप खिसक जाता है तो विशाल अश्वत्थ को जितनी हल्की वेदना होती है, उतनी हल्की वेदना भी देवलोक के निवासियों में नहीं दिखाई देती। हाय, हाय! वह लोक कितना नीरस और भोंडा होता होगा, जहाँ विरह-वेदना

के आँसू निकलते ही नहीं; और प्रिय-वियोग की कल्पना से जहाँ हृदय में ऐसी टीस पैदा ही नहीं होती, जिसे शब्दों में व्यक्त न किया जा सके! यक्ष आज हृदय के अतल गाम्भीर्य से अनुभव कर रहा है कि जहाँ विरह की व्यथा नहीं है, वहाँ सरस हृदय का दुर्ललित प्रेम भी नहीं है। आँसू में जीवन तरंगित होता रहता है। पीड़ा में प्रेम पनपा करता है। कहीं ऐसा न हो कि यह भाग्यहीन मेघ उन्हीं भोंडी कल्पनाओं से रँगी हुई दृष्टि से अलका को परखने लगे! अलका में यदि आँसू नहीं हैं तो यक्ष के हृदय की यह सारी पीड़ा मृगमरीचिका से अधिक मूल्य नहीं रखती। ये सारे प्रेमोद्गार, सारी अभिलाष-कातर उत्सुकता और सम्पूर्ण वेदना आडम्बर मात्र हैं।

अनुभयानिष्ठा रति रसाभास है। छाया के पीछे दौड़ना थोथा पागलपन है। परन्तु यक्ष जानता है कि यद्यपि अलका देवपुरी है, मर्त्यलोक की तुलना में वहाँ अनेक विशेषताएँ हैं और उन विशेषताओं को देखकर मर्त्यलोक के क्षणभंगुर जीवन धारण करनेवाले प्राणियों में उद्भट कल्पनाओं का तरंगित हो उठना स्वाभाविक है; तथापि यह कहना कि वहाँ प्रिय-विरह का सन्ताप ही नहीं है, मिलनोत्कंठा उत्कम्प ही नहीं है, विरह-विधुर चित्त का विक्षोभ ही नहीं है, सत्य का अपलाप मात्र है। मेघ को ठीक-ठीक समझा देना चाहिए कि अलका क्या है और क्या नहीं है।

इसी समय यक्ष ने देखा कि मेघ में अचानक विद्युल्लता का प्रकाश चमक उठा है। जान पड़ा, ऐरावत के उदर-देश में बँधी सुवर्ण-रज्जु ही उद्भासित हो उठी है या क्षण-भर के लिए रामगिरि के शिखर-देश पर स्वच्छ रेशम की पताका फहरा उठी है। यह शुभ-लक्षण है। अलका की बात आते ही मेघ के वक्षस्थल पर उल्लसित होनेवाली यह आनन्दज्योति अलका के हर्म्यों में विराजित होनेवाली मणि-दीपावली की उज्ज्वल रेखा की भाँति दीप्त होकर भावी मंगल की सूचना दे रही है। जो काम सिद्ध होनेवाला होता है, उसमें ऐसे ही चिह्न प्रकट होते हैं। यह बिजली का कौंधना सूचित करता है कि काम बननेवाला है। आशा बड़ी दुरत्यय वस्तु

है। कहाँ रामगिरि पर निवास करनेवाला विरही यक्ष का विद्यद्धारी मेघ और कहाँ अलका के सौधों में विराजित होनेवाली मणि-प्रदीपों की अभिराम आभा! लेकिन यक्ष के चित्त में आशा संचरित हो गई। क्यों ऐसा होता है? जिन वस्तुओं से अभिलषित पदार्थ का रंचमात्र भी साम्य होता है, वे हृदयस्थित भाव-राशि में इस प्रकार ज्वार क्यों उठा देती हैं? क्या समस्त जड़-चेतन में व्याप्त कोई अन्तर्निहित चैतन्य-धारा प्रवाहित हो रही है जो मनुष्य के चित्त को निरन्तर उद्वेलित और उद्वेजित करती रहती है? यक्ष के चित्त में बिजली की इस कौंध ने कल्पना के महासमुद्र को मानो उद्वेल कर दिया। यह मेघ अलका के समान ही तो है जिसे देखकर प्रिया की प्रिय-निवासभूमि की कल्पना अनायास बाँध तोड़कर प्रवाहित हो उठती है, वह निस्सन्देह प्रेमी है। यक्ष ने कृतज्ञता से मेघ को देखा। उसका चित्त राग से उत्क्षिप्त हो उठा। मर्त्यवासियों की भाँति उसके भी चित्त में अलका की मनोहारिणी छटा रंगीन होकर प्रकट हुई। बोला :

"मेरे प्यारे मित्र, अलकापुरी कैलास की मनोरमा प्रियतमा है। इस पुरी को देखकर तुम्हें सचमुच आनन्द आएगा। सच पूछो तो तुम्हारे इस 'नयन सुभग' रूप का यदि कहीं साम्य है तो केवल अलकापुरी के रम्य प्रासादों में ही। यदि तुम्हारे शरीर में चंचल विद्युल्लता का निवास है तो अलकापुरी में वैसी ही हेम-कान्तिवाली ललित वनिताओं का निवास है। तुम्हारे पास मनमोहक सतरंगा धनुष है तो अलकापुरी के इन प्रासादों में रंग-विरंग के चित्र भी आलिखित हैं। अलकापुरी में शायद ही ऐसा कोई प्रासाद हो, जिसमें विविध प्रकार के भित्ति-चित्र और कल्प-वल्लियाँ न अंकित हों। कभी-कभी अन्त:पुर की छतों में चित्रित कल्प-वल्ली ऐसी मनोहर और चौंका देनेवाली होती है कि जान पड़ता है, अन्त:पुरिकाओं के सौन्दर्य को देखने के लिए सारा देव-मंडल ही सिमटकर आ गया है। इन नयनाभिराम रंग-विरंगे चित्रों के साथ तुम्हारे हृदय-देश में विराजमान नयनाभिराम इन्द्रधनुष की तुलना आसानी से की जा सकती है। और यह जो तुम्हारा श्रवण-सुभग

गर्जन है, जो जनपद-बंधुओं के चित्त में आशा और नागर-रमणियों के चित्त में उत्कंठा का भाव जाग्रत करता रहता है, अलका के प्रासादों में निरन्तर ध्वनित होते रहनेवाले मृदंगों के साथ सहज ही तुलनीय हो सकता है। फिर, तुम्हारे सर्वांग में व्याप्त यह जो नील जल-राशि की श्यामल कान्ति दर्शक के चित्त और प्राण को मुग्ध बना देती है, वह भी अलका के उत्तुंग प्रासादों में नितान्त दुर्लभ नहीं है। इन प्रासादों की कुट्टिम भूमियाँ नीलम से बनी हुई हैं, जो इसी प्रकार की मसृण-मेदुर नीली प्रभा बखेरती रहती हैं और ऊँचाई में तो जिस प्रकार तुम हो, उसी प्रकार ये भवन भी हैं। तुम दोनों के शिखर आसमान को खरोंचते रहते हैं; इसीलिए कहता हूँ मित्र, कि अलकापुरी के प्रासाद सब प्रकार से तुम्हारे ही समान हैं!

विद्युत्वन्तं ललितवनिता: सेन्द्रचापं सचित्रा:
संगीताय प्रहतमुरजा: स्निग्धगंभीरघोषम्।
अन्तस्तोयं मणिमयभुवस्तुङ्गम भ्रंलिहाग्रा:
प्रासादास्त्वां तुलयितुमलं यत्र तैस्तैर्विशेषै: ॥ 1 ॥

"अलकापुरी की वधुएँ हाथ में लीला-कमल-धारण किये रहती हैं। मर्त्यलोक में महीयसी राजबालाओं के हाथ में लीला-कमल दे देना रूढ़ि बन गया है। पद्म का पुष्प स्त्री को पद्मिनी समझने में सहायक होता है। 'पद्मिनी' अर्थात् स्त्री-शोभा का सर्वोत्तम अधिष्ठान। यह बड़ी मोहक कल्पना है मित्र! मैंने पहले ही कहा है कि महामाया की त्रिजगन्मनोहरा शोभा के सर्वोत्तम अधिष्ठान दो ही हैं—नारी और कमल-पुष्प। अलका में दोनों अपने सर्वोत्तम रूप में प्राप्त होते हैं। वहाँ की सुन्दरियाँ अपने मनोहर केशजाल में ताजे कुन्दपुष्पों को ग्रंथित करती हैं और मुखमंडल पर श्री या ओप लाने के लिए लोध्र-पुष्पों के पराग-चूर्णों का व्यवहार करती हैं। वे चूड़ा में नवीन कुरबक-पुष्प को धारण करती हैं, कान में आगंड विलम्बि-केशर शिरीष-पुष्पों को धारण करती हैं और तुम्हारे आगमन की

सूचना-मात्र से उल्लसित हो जानेवाले कदम्ब के केशर-प्रसरवाले पुष्पों को सीमन्त के अग्रभाग में लटका लिया करती हैं। तुम्हें सुनकर आश्चर्य होगा मित्र, कि ये सभी फूल एक ही समय कैसे मिल जाते हैं, परन्तु अलका विचित्र पुरी है। वहाँ सब ऋतुओं के फूल सब समय खिले रहते हैं।

हस्ते लीलाकमलमलके बालकुन्दानुविद्धं-
नीता लोध्रप्रसवरजसा पाण्डुतामानने श्रीः।
चूडापाशे नवकुरबकं चारु कर्णे शिरीषं
सीमन्ते च त्वदुपगमजं यत्र नीपं वधूनाम्॥ 2॥

"लोग ऐसा समझते हैं कि इस पुरी में ऐसे बहुत-से वृक्ष मिलेंगे, जो मत्त भ्रमरों के गुंजार से सदा मुखरित बने रहते हैं, क्योंकि उनमें सदा-सर्वदा पुष्प लगे रहते हैं; फिर, यहाँ की कमलिनियों में नित्य ही कमल खिले रहते हैं और नित्य हंस-श्रेणी से घिरी रहने के कारण ऐसा लगता है कि ये कमलिनियाँ हंस-श्रेणी की ही करधनी धारण किये हुए हैं। साधारणतः मयूर मेघ-माला को देखकर मत्त होते हैं और अपनी मधुर केका से उसका स्वागत करते हैं, परन्तु अलकापुरी की यह विशेषता बताई जाती है कि यहाँ के घरों के पालतू मोर, जो क्रीड़ा-पर्वतों पर विचरण किया करते हैं और सुन्दरियों के कंकणवलय की ध्वनि से भी बोल पड़ते हैं, नित्य चमकीले और मनोहर बर्ह (मयूर-पिच्छ) से सुशोभित रहते हैं। और तो और, यह भी कहा जाता है कि अलकापुरी में नित्य ज्योत्स्ना बनी रहती है। इसीलिए वहाँ का सन्ध्याकाल उतना अन्धकारमय नहीं होता, जितना अन्य स्थानों में कृष्ण-पक्ष में हो जाया करता है।

यत्रोन्मत्तभ्रमरमुखराः पादपा नित्यपुष्पा
हंसश्रेणीरचितरशना नित्यपद्मा नलिन्यः
केकोत्कण्ठा भवनशिखिनो नित्यभास्वत्कलापाः
नित्यज्योत्स्नाप्रतिहततमोवृत्तिरम्याः प्रदोषाः॥

"यहाँ तक तो फिर भी ठीक है। अलका वस्तुत: प्रकृति की दुलारी पुरी है, वहाँ सचमुच ही नित्य वसन्त है। किन्तु ऐसा भी कहते सुना है कि इस विचित्र अलकापुरी में किसी की आँखों में आँसू आते हैं तो केवल आनन्दोद्रेक के कारण ही, किसी अन्य दु:ख-जनित हेत से नहीं; शरीर में ताप अगर होता है तो केवल पुष्पों का अस्त्र धारण करनेवाले देवता के वाणों की चोट से ही उत्पन्न होता है, जो प्रियजन के मिलन से शान्त भी हो जाता है; प्रेमियों में यहाँ कहीं बिछोह तो होता ही नहीं, यदि कदाचित् कहीं हो भी जाए तो यही समझना चाहिए कि प्रणय-कलह से उत्पन्न यह क्षणिक वियोग है; और अपार सम्पत्ति के मालिक इन यक्षों के शरीर में युवावस्था के अतिरिक्त और कोई अवस्था आती ही नहीं। यह यक्षपुरी की भोंडी कल्पना है। अलका इससे भिन्न है। वहाँ प्रेम-व्याकुल हृदयों में पीड़ा भी है, ललक भी है, वेदना भी है और उन्माद भी। यह और बात है कि वहाँ प्रकृति के दिये हुए साधन इन मानस भावों के उतार-चढ़ाव में विलक्षण ढंग के काम करते हैं। वहाँ की स्वच्छ स्फटिक मणियों की उपरली कुट्टिम भूमि में नक्षत्रों की छाया इतनी सफाई से पड़ती है कि वहाँ के प्रेमिक-युगल अनायास ज्योतिर्मयी छाया के पुष्पों से चित्रित बने हुए-से स्वच्छ विस्तर पा जाते हैं, हाथ से ही तोड़ लिये जाने योग्य पुष्प-स्तवकों की झबरीली छाया के नीचे वहाँ की कुंकुम-वर्ण किशोरियों मन्दाकिनी की फुहारों से शीतल बनी हुई मन्द-मन्द संचारी वायु के स्पर्श से पुलकित होकर रत्न-वालुकाओं से क्रीड़ा किया करती हैं। मर्त्यलोक में ये सारी चीजें बहुत मूल्यवान् मानी जाती हैं, पर अलका में तो हर गली-कूचे मिल जाती हैं। यदि इन सुन्दर यक्ष-यक्षिणियों के दर्शन के लिए देवता भी व्याकुल रहा करते हैं तो आश्चर्य ही क्या है! देवलोक में ये वस्तुएँ अलभ्य हैं और इन पर्वत-कन्याओं के सहज लीला-विलास में तो पार्वती की सहज लीला ही मूर्तिमती हो उठी है। वक्रिम विलास के हेला-बिब्बोक और कुट्टमितों से जिन मर्त्यवासियों की दृष्टि सहज और पवित्र सौन्दर्य को

समझ नहीं सकती, वह इन निसर्ग-कुमारियों के रूप-लावण्य के सम्बन्ध में भोंडी कल्पनाएँ करने लगें तो आश्चर्य ही क्या है! अलकापुरी नैसर्गिक शोभा का अक्षय निर्झर है, जड़ जगत् में भी और चेतन जगत् में भी।

आनन्दोत्थं नयन-सलिलं यत्र नान्यैर्निमित्तै-
र्नान्यस्ताप: कुसुमशरजादिष्टसंयोगसाध्यात्।
नाप्यन्यस्मात्प्रणयकलहाद्विप्रयोगोपपत्ति-
र्वित्तेशानां न च खलु वयो यौवनादन्यदस्ति॥*

"फिर भी मेरे मित्र, अलका मर्त्यवासियों की दृष्टि में स्वप्नपुरी ही है। पूर्व काल-संचित कर्म का भोग करनेवाले देव-योनि के लोग इस पुरी में निवास करते हैं। इसलिए वे निरन्तर सुखोपभोग के बहुमूल्य साधनों का व्यवहार करते रहते हैं। उनके निवासस्थान स्फटिक मणियों के बने होते हैं, जिनके सहन में स्फटिक मणियों की ही कुट्टिम-भूमि श्वेत आस्तरण के समान फैली होती है। रात को जब आसमान के नक्षत्र इस कुट्टिम-भूमि में छाया के रूप में प्रतिफलित होते हैं, तो ऐसा जान पड़ता है कि सफेद चादर पर किसी ने सफेद फूल बिछा रखे हैं। कहना नहीं होगा कि यह नैसर्गिक आस्तरण कभी मैला नहीं होता। मर्त्यलोक में बिछाई जानेवाली चादरों और सफेद फूलों से इसकी तुलना नहीं की जा सकती; क्योंकि मर्त्यलोक की चादरें मैली हो जाया करती हैं और फूल कुम्हला जाया करते हैं। लेकिन यह अद्‌भुत चादर न तो मैली होती है और न इसके फूल कुम्हलाते ही हैं। ऐसी चादर पर अलकापुरी के यक्ष लोग दिव्याङ्गनाओं के साथ नृत्य और संगीत का सुख अनुभव करते हैं। और मन्द-मन्द भाव से ताड्यमान पुष्कर नामक बाजे की गम्भीर ध्वनि—जो बहुत-कुछ तुम्हारे गर्जन के समान ही है—की पृष्ठभूमि में नूपुर की झंकार और कंकण-वलयों

* यह और इसके पहले का श्लोक प्रक्षिप्त है। कई संस्कृत टीकाकारों ने इनकी टीका नहीं की है।

के रणत्कार का रस लिया करते हैं। तुम जानते ही हो कि वहाँ कल्पवृक्ष नाम का समस्त कामनाओं को पूरा करनेवाला और इच्छा-मात्र से समस्त अभिलषित का दान करनेवाला अद्‌भुत वृक्ष है। मर्त्यवासियों के लिए इस वृक्ष का महत्त्व समझना कठिन है। इसी कल्पवृक्ष से उद्‌भूत रति-फल नामक मदिरा भी यक्ष-प्रेमियों को अनायास प्राप्त हो जाती है। एक बार कल्पना करो मित्र, विशाल हर्म्यों के आँगन की कुट्टिम-भूमि पर अविराम भाव से बिछी हुई तारकावलि की छाया, दिव्य प्रेमिक-युगलों का उस पर अवस्थान और मन्द-मन्द भाव से गम्भीर ध्वनि करनेवाले 'पुष्कर' नामक बाजों के गम्भीर निर्घोष की पृष्ठभूमि में नृत्य करनेवाली अप्सराओं के कंकण-वलयों का रणत्कार और नूपुर और मेखला-किंकिणियों का झणत्कार और फिर अनायास-लब्ध मादक आसव का चषक!!

यस्यां यक्षा: सितमणिमयान्येत्य हर्म्यस्थलानि
ज्योतिश्छायाकुसुमरचितान्युत्तमस्त्रीसहाया:।
आसेवन्ते मधु रतिफलं कल्पवृक्षप्रसूतं
त्वद्‌गम्भीरध्वनिषु शनकै: पुष्करेष्वाहतेषु॥ 3॥

"तुम आसानी से समझ सकते हो मित्र, कि यह अलकानगरी कितनी मोहक है। वहाँ की कन्याएँ मन्दाकिनी के जल की फुहारों से ठंडी बनी हुई हवा में उसी के तट पर खड़े मन्दारवृक्षों की शीतल छाया में मुट्ठियों में बहुमूल्य मणियों को लेकर स्वर्ण-वालुकाओं में छिपाया करती हैं और उन्हें खोज निकालने का खेल खेला करती हैं। यह अयत्न-लभ्य सुकुमार और बहुमूल्य क्रीड़ा अन्यत्र कहाँ मिल सकती है? दूर तक फैली हुई मन्दाकिनी की पुलिन-भूमि पर जो वालुका-राशि वहाँ फैली हुई है, वह सोने के कणों से इतनी भरी रहती है कि समूची सैकत-भूमि पीली सुनहली आभा से सदा देदीप्यमान रहती है। मर्त्यलोक में कुछ थोड़े-से सुवर्ण-कण बहकर आ जाते हैं और उनका मूल्य यहाँ बहुत अधिक माना जाता है;

परन्तु अलका में मन्दाकिनी के दोनों तटों पर योजनों तक यह वालुका-राशि फैली हुई है। जो बालिकाएँ इस सैकत-भूमि पर क्रीड़ा करती रहती हैं, वे रूप-रंग और आभिजात्य में मर्त्य-लोक की श्रेष्ठ सुन्दरियों से भी बढ़कर होती हैं। यह न समझना कि अलकापुरी की बालिकाओं का सौन्दर्य कृत्रिम प्रसाधनों पर अवलम्बित है, वह सहज कमनीय है। उनका रूप देव-दुर्लभ है और उनका मन अनायास भाव से विचरण करनेवाले मृग-शिशुओं के समान सरल और मोहक है। मर्त्यलोक में जिन रत्नों को बहुत बहुमूल्य समझा जाता है, अलका के गली-कूचों में अनायास मिल जाते हैं। इसीलिए अलका के विलास और समृद्धि के साधन सहज भाव से बिना किसी प्रयत्न के प्राप्त होते रहते हैं।

मन्दाकिन्या: सलिलशिशिरै: सेव्यमाना मरुद्भि-
र्मन्दाराणामनुतटरुहां छायया वारितोष्णा:।
अन्वेष्टव्यै: कनकसिकतामुष्टिनिक्षेपगूढै:
संक्रीडंते णिमभिरमरप्रार्थिता यत्र कन्या: ॥ 4 ॥

"मजेदार बात तो यह है मित्र, कि जिन मणि-प्रदीपों की चर्चा इस तरफ के लोग परियों की कहानियों और पौराणिक गाथाओं में किया करते हैं, वे अलकापुरी की देहलियों में बिना किसी प्रयत्न के ही पहुँच जाया करती हैं, क्योंकि उनकी संख्या बहुत है और तुम्हें यह जानकर कुतूहल भी होगा और रस भी मिलेगा, कि ये रत्नमणि के प्रदीप कभी-कभी अलका की सुन्दरियों के लिए उलझन के विषय हो जाते हैं। जब वहाँ का प्रेमिक अपने रागोत्क्षिप्त चित्त के इंगित पर अपने हाथों से प्रिया की वस्त्र ग्रंथि को शिथिल करने का प्रयास करते हैं और ब्रीड़ा-व्याकुला प्रियतमा जब इन कभी न बुझनेवाले मणिप्रदीपों को बुझाना चाहती हैं, तो उनकी शिखा पर अचानक गुलाल-भरी मुट्ठियों से आक्रमण करके भी असफल हो जाती हैं; क्योंकि ये कमबख्त मणि-प्रदीप न फूँक से मरनेवाले हैं, न गुलाल के

चूर्णों से बुझनेवाले हैं। तो, उन व्रीडा-व्याकुला किशोरियों की क्या स्थिति होती होगी, यह तुम आसानी से समझ सकते हो। जो रत्न-प्रदीप निरन्तर जलकर रात में गृहिणियों के विविध कार्यों में सहायता किया करते हैं, वे ही अवसर आने पर उन्हें धोखा दे देते हैं और लज्जा की रक्तिमा को सौ गुना बढ़ा देते हैं।

नीवीबन्धोच्छ्वसितंशिथिलं यत्र बिम्बाधराणां
क्षौमं रागादनिभृतकरेष्वाक्षिपत्सु प्रियेषु।
अर्चिस्तुङ्गानभिमुखमपि प्राप्य रत्नप्रदीपान्
ह्रीमूढानां भवति विफलप्रेरणा चूर्णमुष्टिः॥ 5॥

"मित्र, अलकापुरी एक तो यों ही बहुत ऊँचे पर्वतों पर बसी है; दूसरे, वहाँ के धनाधिपतियों ने सतमंजिले मकान बना रखे हैं। इन सतमंजिले मकानों को 'विमान' कहा जाता है। अलका के रसिक नागर अपने विशाल भवनों में भित्ति-चित्र अंकित करने में बड़ा आनन्द पाते हैं। उनकी दीवालें स्फटिक-मणि के समान स्वच्छ और दर्पण के समान उज्ज्वल हैं और उन पर 'सूक्ष्मरेखा-विशारद' कलाकार नाना रसों के चित्र अंकित करते हैं। दीवालों को पहले समान करके चूने से मजबूत बनाया जाता है, जिस पर भैंस के चमड़े को पानी में घोंटकर और अन्य मसालों के संयोग से बना एक विशेष द्रव्य पोता जाता है। ये कलाकार एक ऐसा 'वज्रलेप' बनाते हैं जो गर्म करने पर पिघल जाता है और दीवाल पर पोतने के बाद तत्काल सूख जाता है। इस वज्रलेप में सफेद मिट्टी या शंख का चूर्ण और मिश्री मिलाकर सफेद रंग की चिकनी जमीन बनाई जाती है। रंगीन जमीन बनाने के लिए और भी मसालों का उपयोग होता है। दक्षिणी भारत में नीलगिरि पर जिस प्रकार 'नग' नामक सफेद पत्थर होता है, उसी से मिलता-जुलता स्फटिक-चूर्ण अलका के इर्द-गिर्द प्रचुर मात्रा में पाया जाता है। अलका के शिल्पी 'वज्रलेप' में इन्हीं चूर्ण का प्रयोग करते हैं।

मर्त्यलोक के कलाकार ईंट का चूर्ण, गुग्गुल, मोम, महुए का रस, मुसक, गुड़, कुसुम का तेल और चूने को घोंटकर उसमें दो भाग कच्चे बेल का चूर्ण मिलाते हैं, फिर अन्दाज से उचित मात्रा में भीत पर एक महीने तक धीरे-धीरे पोतते हैं और इस प्रकार वज्रलेप की भूमि को स्थायी रूप से रंगीन बनाने का प्रयत्न करते हैं। यद्यपि अलका में सभी प्रकार की समृद्धि है, पर ये मामूली चीजें वहाँ पर आसानी से नहीं मिलतीं। इसीलिए वज्रलेप की भित्तियों पर जो रंग चढ़ाए जाते हैं, वे उतने स्थायी नहीं हो पाते। लेकिन 'अलका' के 'विद्युत्-निर्माण' में कुशल कलाकर इससे हतोत्साह नहीं होते। प्रतिवर्ष तुम्हारे-जैसे सैकड़ों मेघ वायु के झोंकों के साथ उन सतमंजिले मकानों के भीतर घुस जाते हैं और उन सुन्दर चित्रों को गीला कर देते हैं। गीला होने से चित्र बिगड़ जाते हैं और अलका के कलाकारों को प्रतिवर्ष उन्हें फिर नया करना पड़ता है। नित्य निर्माण का जो उल्लास है, उसी का स्थायित्व इन चतुर चितेरों का काम्य है। अनन्त काल तक रंगों का बना रहना मर्त्यलोक के क्षणभंगुर चित्रकारों का काम्य हो सकता है, परन्तु जिन्हें दीर्घकाल तक नित्य-नवीन रूप-सृष्टि का उल्लास प्राप्त है, उन शिल्पियों की बात ही और है! वे निर्माण के उत्साह को ही अधिक महत्त्व देते हैं, निर्माण के स्थायित्व को नहीं। तुम्हारे जैसे चपल मेघों की विनाशकारी प्रवृत्तियों से उन्हें नव-नव रूप-निर्माण की प्रेरणा मिलती रहती है। वे इन हरकतों से बहुत चिन्तित नहीं होते। पर जो लोग उन भवनों में निवास करते हैं, वे इस विनाश-कृत्य से क्षुब्ध होते हैं। सुन्दर-मनोहर चित्रों को नवीन जलकणों से दूषित करना बहुत अच्छी बात नहीं है। चपल मेघ भी उनके क्षोभ को समझते हैं। यही कारण है कि चोर की भाँति घरों में घुसकर चित्रों को नष्ट करके चोर की ही भाँति दूसरी खिड़की से निकल जाते हैं। इतने ऊँचे महलों से कूदते समय कोई भी क्षीण-जर्जर हुए बिना नहीं रह सकता। परन्तु तुम्हारी जाति के लोग चतुर कलाबाज की तरह धुएँ की आकृति बनाकर भाग खड़े होते हैं। इन मेघों का चोर और जार

की तरह घर में घुस पड़ना और मार खाने की आशंका से भाग खड़े होने की तरह निकल पड़ना, कोई उचित काम नहीं है। इसीलिए जरा तुम्हें सावधान होकर चलना होगा। लोलुप रसिक की भाँति अगर घर में घुस पड़े तो पिट जा सकते हो—धुएँ की शकल बनाओ तो और न बनाओ तो, जर्जर हो जाने की आशंका तो बनी ही रहेगी!

नेत्रा नीताः सततगतिना यद्विमानाग्रभूमी-
रालेख्यानां नवजलकणैर्दोषमुत्पाद्य सद्यः।
शंकास्पृष्टा इव जलमुचस्त्वादृशा जालमार्गैः-
धूमोद्गारानुकृतिनिपुणा जर्जरा निष्पतन्ति॥ 6॥

"लेकिन साहस में सिद्धि बसती है। तुम्हें यदि घने बाँस की नलिका के आगे ताँबे के सूच्यग्र 'तिन्दुक' की, जो जौ-भर भीतर और जौ-भर बाहर निकला रहता है, तथा उसमें लगी हुई बछड़े के कान के पास के मुलायम रोमों से बनी हुई तूलिका की करामात देखनी है तो साहस करना ही पड़ेगा। इन भवनों की ऊपरी छतों पर बनी हुई कल्प-वल्लियाँ देखते ही बनती हैं। दीवालों के चित्र और छतों की कल्प-वल्लियाँ इस प्रकार से अंकित होती हैं कि उन्हें देखकर भ्रम होता है कि देवताओं और मनुष्यों में जो सबसे सुन्दर और स्पृहणीय है, मानो अलका की अन्तःपुरनिवासिनियों का सौन्दर्य देखने के लिए सिमटकर एकत्र हो गए हैं। धारावाहिक लता-प्रतानों के भीतर से अंकुर और पत्र के रूप में निकले हुए सिद्ध-विद्याधरों के चित्र इतने मनोहर होते हैं कि नवीन दर्शक को भ्रम हो जाता है कि लताओं की ओट में छिपे हुए सौन्दर्यलोलुप देवगण उचककर कुछ देखने का प्रयास कर रहे हैं और पकड़े जाने की आशंका से फिर उन्हीं लताओं में छिप जाने को उद्यत हैं। इस शोभा को बिना देखे कैसे रहा जा सकता है? मर्त्यलोक में विचरण करते समय तुमने उज्जयिनी के उत्तर के प्रदेशों में जो कल्प-वल्लियाँ देखी हैं, उनमें मनुष्य की कामनाओं के कल्पित चित्र

हैं। वे अपनी ऊँची उड़ान के कारण आकर्षक लगते हैं, लेकिन अलकापुरी की इन वल्लियों में यथार्थ चित्र हैं और निर्माण का कौशल ही उनका मुख्य आकर्षण है। यह विचित्र बात है मित्र, कि मर्त्यलोक के कलाकारों में अपनी कला को अमर बना देने की लालसा है, लेकिन अलकापुरी की कल्पवल्लियों में स्वर्गलोक में कहीं न प्राप्त होनेवाली लालसा को जागरित करने का प्रयास है। तुम दोनों का अन्तर समझ सकोगे; क्योंकि तुम जहाँ एक ओर भुवन-विदित पुष्करावर्त के देव-वंश में उत्पन्न हुए हो, वहीं तुमने अपने चरित्र से यह सिद्ध कर दिया है कि अपने को निश्शेष भाव से मिटाकर नित्य बनते रहनेवाले नव-नव रूपों में उत्पन्न होते रहना ही सच्ची अमरता है। अलका के चित्रकारों को अपने शरीर के आवरण में जो नवीनता नहीं मिलती, उसे वे नित्य मिट-मिटकर बननेवाले चित्रों में पकड़ना चाहते हैं। इस आठ महीने के शाप-ग्रस्त जीवन में मैंने यह अनुभव किया है कि मर्त्यलोक की ऊर्ध्वगामिनी कल्पना के धनी शिल्पी सचमुच धन्य हैं, जिनमें लालसा का कम्पन है और नित्य नवीन होते रहनेवाले मानविकारों का प्रसाद प्राप्त है। अमरलोक के निवासी मूँड़ मारकर जिन क्षणभंगुर वासनाओं को कला के माध्यम से प्राप्त करने का प्रयत्न करते हैं, वे यहाँ कितनी सुलभ हैं! मेरे चित्त में इस समय नित्य बनती-बिगड़ती रहनेवाली लालसाओं का जो हाहाकार ठोस रूप में उपलब्ध हो रहा है, वह अमर-लोक के चिर-मिलन के भार से जर्जर शिल्पियों और शिल्प-विलासियों को कभी प्राप्त नहीं होता। जिस प्रेम में आँसू नहीं हैं, लालसा की नित्य उमड़नेवाली आँधी नहीं है, वियोग-विधुर चित्त का क्रन्दन नहीं है, वह भोंडी विलासिता से रंचमात्र भी अधिक नहीं। परन्तु तुमने जीवन की दोनों कोटियों को देखा है। तुम निरन्तर विनाश के चक्र में पड़े रहकर 'जीवन-दान' किया करते हो, इसलिए दोनों का अन्तर आसानी से समझ सकोगे। मैं जानता हूँ कि मर्त्यलोक के निवासियों के चित्त में चिरजीवी सौन्दर्य कितनी कल्पनाओं को उद्वेल करता रहता है और अमर-लोक के

निवासियों के चिर-सौन्दर्य-तृप्त चित्त में कितना भयंकर रेगिस्तान अनवरत भाव से विद्यमान रहता है। मैं तुम्हें अलका को मर्त्यलोक-निवासियों की दृष्टि से देखने की सलाह दूँगा। सतमंजिले मकान के गवाक्षद्वार से सशंक भाव से प्रवेश करने में यही मर्त्यलोकवासिनी दृष्टि रहेगी। जब तक तुम इस दृष्टि से उन भवनों के भीतर प्रियतम के भुजालिङ्गन से उच्छ्वसित उन सुन्दरियों को नहीं देखोगे, जिनकी थकान खुली चाँदनी में शय्या के ऊपर लटकती हुई झालरदार चन्द्रकान्त मणियों से धीरे-धीरे टपकती बूँदों से दूर होती है, तब तक तुम सच्चा नेत्र-सुख नहीं प्राप्त कर सकोगे। भुजलताओं द्वारा प्राप्त आलिंगन या आश्लेष के बाद शिथिल बनी हुई सुन्दरियों को अपने वाष्प-बिन्दुओं से सिक्त करके श्रान्ति-क्लान्ति से मुक्त करना केवल मर्त्यवासियों की दृष्टि से ही आनन्ददायक होगा। नहीं तो अमर-लोक की श्रान्ति और क्लान्ति कोई महत्त्वपूर्ण वस्तु नहीं है, वह तो चिरसौन्दर्य के भार की मामूली-सी गाँठ-मात्र है। केवल भवनों में ही नहीं, कुबेर के मनोहर 'वैभ्राज' नामक वन में भी लालसाहीन प्रेमियों की रससिक्त बातें केवल मर्त्यलोक की दृष्टि से देखने से ही तुम्हारे सरस चित्त में औत्सुक्य का संचार कर सकती हैं। इतना ही अच्छा है कि अलका विशुद्ध देवपुरी से थोड़ा घटकर है। उसमें विलास-साधन तो सुलभ हैं, किन्तु लालसा-लोल और अनुराग-चंचल मनोविकार एकदम अप्राप्य नहीं हैं।

यत्र स्त्रीणां प्रियतमभुजालिङ्गनोच्छ्वासिताना—
मङ्गग्लानिं सुरतजनितां तन्तुजालावलम्बाः।
त्वत्संरोधापगमविशदैश्चन्द्रपादैर्निशीथे
व्यालुम्पन्ति स्फुटजललवस्यन्दिनश्चन्द्रकान्ताः॥ 7॥

अक्षय्यान्तर्भवननिधयः प्रत्यहं रक्तकण्ठै—
रुद्गायद्भिर्धनपतियशः किंनरैर्यत्र सार्धम्।
वैभ्राजाख्यं विबुधवनितावारमुख्यासहाया।
बद्धालापा वहिरुपवनं कामिनो निर्विशन्ति॥ 8॥

"उज्जयिनी तो तुमने देखी है मित्र, यहाँ रात को जब प्रणयमुग्धा कामिनियाँ घने अन्धकार में तेजी से अभिसारयात्रा पर निकलती हैं, तो उनके केश-पाश में सुकुमार भाव से गुँथे हुए पुष्प और किसलय खिसककर सड़कों पर गिर जाते हैं। कानों में लगे हुए मनोहर सोने के कर्ण-फूल चू पड़ते हैं और मोतियों की माला क्वचित् कदाचित् टूटकर बिखर भी जाती है। उज्जयिनी के सहृदय नागरिक सूर्योदय के समय जब इन बिखरी हुई वस्तुओं को देखते हैं, तो उन्हें यह समझने में देर नहीं लगती कि इस मार्ग से मूर्तिमान अनुराग और औत्सुक्य निकला है। उनके संवेदनशील हृदय में भी अनुराग और औत्सुक्य का कम्पन अनुभव होता है। यह विचित्र रहस्य है मित्र, कि अनुमान से जाना हुआ अज्ञात हृदय का अनुराग किस प्रकार संवेदनशील अन्य हृदयों में भी अकारण कम्पन उत्पन्न कर देता है। क्या यह इस बात का सबूत नहीं है कि एक ही दुलर्लित शक्ति मनुष्य-मात्र के हृदय में निवास कर रही है और रंचमात्र के इंगित से ही वह उसी प्रकार उद्वेल हो उठती है जिस प्रकार चन्द्रमा को देखकर महासमुद्र उद्वेलित हो उठता है! कौन कह सकता है कि इन छोटी-छोटी घटनाओं में भुवनमोहिनी का अद्वैत विलास निरन्तर उद्घाटित नहीं होता रहता? अलका के मार्गों में भी तेज चाल और जोर की धड़कन का अनुमान तुम इन वस्तुओं से लगा सकते हो। तुम वहाँ साधारण पुष्पों के स्थान पर केश-पाश-स्खलित मन्दारपुष्पों को देखोगे; साधारण कर्णफूल के स्थान पर कान से गिरे हुए कनक-कमलों को देखकर चकित हो जाओगे, और हारों के टूटे हुए धागों से बिखरी हुई महार्घ मणियों को देखकर अचरज में पड़ जाओगे। परन्तु अलका में ये वस्तुएँ दुर्लभ नहीं हैं। दुर्लभ हैं तो भीत-भीत भाव, क्षणभंगुर लालसाओं का उत्कम्प और अकारण त्रस्त रहनेवाली आँखों की लीला। बाकी सब दृश्य तुम्हें उज्जयिनी के घनान्धकार में गुजरे हुए अनुराग से उत्क्षिप्त हृदयों की ही सूचना देंगे। मर्त्यवासियों की दृष्टि से देखना। उन अमरों की आँखों से क्या देखोगे, जिनके पलक कभी गिरते ही नहीं!

पलक लज्जा के भार से झुकते हैं, उत्सुकता के आवेग से चंचल होते हैं और आश्चर्य के आवेश से विचलित होते हैं। पलकों की गति मर्त्यलोक के निवासियों की सबसे बड़ी निधि है। जिन पलकों में भार नहीं, चांचल्य नहीं और जड़िमा नहीं, वे भी क्या पलक हैं? उनमें लीला-विलास तरंगित नहीं होता, औत्सुक्य के भाव उद्वेल नहीं होते और शोभा की तरंगें लहरातीं नहीं। लेकिन यदि तुम मेरे समान शापग्रस्त लोगों की दृष्टि से देखोगे या क्षण-भंगुर मर्त्यवासियों के चिरअतृप्त नयनों से उनका रस-ग्रहण करना चाहोगे, तो गत्युत्कम्प-वश स्खलित मन्दार पुष्पों में, कनक-कमलों में और मुक्ताजालों में अपूर्व कम्पन उत्पन्न करनेवाली वह लालसा प्रत्यक्ष दृष्टिगोचर होगी, जो इस लोक में बसनेवाले प्राणियों की अक्षय निधि है और जिनमें भुवन-मोहिनी का त्रैलोक्य-मनोज्ञ रूप नित्य उद्‌भासित होता रहता है।

> गत्युत्कंपादलकपतितैर्यत्र मन्दारपुष्पैः
> पत्रच्छेदैः कनककमलैः कर्णविभ्रंशिभिश्च।
> मुक्ताजालैः स्तनपरिसरच्छिन्नसूत्रैश्च हारै-
> र्नैशो मार्गः सवितुरुदये सूच्यते कामिनीनाम्॥ 9॥

"मित्र, कुबेर के मित्र और पूज्य भगवान् महादेव जहाँ निवास करते हैं, वहाँ पहुँचने की हिम्मत भौंरों की डोरीवाले धनुष्य के अधिकारी कामदेव में नहीं है। उसकी मधुकर-श्रेणी की बनी हुई यह प्रत्यंचा वहाँ खींचने से पहले ही टूट जाती है। परन्तु यह गन्धर्वपुरी कामदेव की अपनी नगरी है, वहाँ उसे अधिक प्रयास नहीं करना पड़ता। वहाँ की चतुर वनिताओं के विभ्रम से ही उसका काम सिद्ध हो जाता है। चतुर वनिताओं का विभ्रम, जिसमें भ्रू-भंग के साथ प्रयुक्त नयन ही अमोघ अस्त्र का काम करते हैं। मनोजन्मा देवता भीत-भीत भाव से संचरण करता हुआ भी अपना काम अनायास बना लेता है। कहाँ मर्त्यवासियों के चित्त में अजस्र भाव से उत्पन्न होनेवाली विविध कामनाओं का चित्तोन्मथी प्रकोप और कहाँ

भीत-भीत भाव से संचरण करनेवाले मनोजन्मा देवता की कातर-साहाय्य प्रार्थना! दोनों में बड़ा अन्तर है मित्र!

मत्वा देवं धनपतिसखं यत्र साक्षाद्वसन्तं
प्रायश्चापं न वहति भयान्मन्मथ: षट्पदज्यम्।
सभ्रूभङ्गप्रहितनयनै: कामिलक्ष्येष्वमोघै-
स्तस्यारम्भश्चतुरवनिताविभ्रमैरेव सिद्ध: ॥ 10 ॥

"मुझे आशंका हो रही है मित्र, कि तुम मेरी बातों को ठीक-ठीक समझ रहे हो या नहीं। सौन्दर्य क्या है? क्या शरीर में जो शोभा-विधायक धर्म हैं, वे अपने-आपमें सौन्दर्य कहला सकते हैं? शरीर की विभिन्न अवयवों की रेखा में जो स्पष्टता होती है, उसे 'रूप' कहते हैं; आँखों को विभिन्न प्रकार की स्निग्धताओं से तृप्त करनेवाले रंगों को 'वर्ण' कहते हैं; विशिष्ट प्रकार की चमक या चाकचिक्य से जो कान्ति झलमलाया करती है, उसे 'प्रेमा' कहते हैं; अधरों पर सहज भाव से खेलती रहनेवाली हँसी के कारण जिस धर्म से सहृदयों की दृष्टि आकर्षित हो जाती है, उसे 'राग' कहते हैं; फूल के समान मृदुता और कोमलता को व्यक्त करनेवाला वह गुण जो चित्त में एक प्रकार की स्पर्शजन्य आनन्द की गुदगुदी उत्पन्न करता है, 'आभिजात्य' कहलाता है; अंग-उपांग से निरन्तर नव-यौवन-जनित उल्लास से प्रकट होते रहनेवाली विभ्रम-विलास नामक चेष्टाएँ जिनमें कटाक्ष, भ्रूक्षेप इत्यादि का समुचित मात्रा में प्रयोग रहता है, 'विलासिता' कहलाती है; चन्द्रमा की भाँति आह्लादकारक उस मधुर स्निग्ध धर्म को, जो शारीरिक अवयवों के उचित सन्निवेश से व्यंजित होता रहता है, 'लावण्य' कहते हैं; सुघड़ व्यवहार और परिपाटी को व्यक्त करनेवाली शोभा 'छाया' कहलाती है; वह सहज-रंजक गुण ही, जिससे सहृदय जन उसी प्रकार आकृष्ट होते हैं जिस प्रकार पुष्प के परिमल से भ्रमर खिंच आते हैं, वशीकरण धर्म है जिसे 'सौभाग्य' कहते हैं। पूर्वजन्म के अनेक

पुण्यों के परिणाम से मर्त्यलोकवासियों में से किसी-किसी को इन दस में से थोड़े मिलते हैं। सब कहाँ मिल पाते हैं? अलका में ये दसों धर्म अनायास प्राप्त होते रहते हैं। मर्त्यलोकवासी इन गुणों की न्यूनताओं को उस परमपवित्र मानस-सम्पत्ति से उत्पन्न कर लिया करते हैं, जिसे 'प्रीति' कहते हैं। 'प्रीति' का सहज धर्म है अप्राप्त गुणों को अनायास उत्पन्न कर लेना। मर्त्यलोक में वह सुलभ है। यही इस लोक की विशेषता है। मर्त्यलोक के निवासी अनेक प्रकार के आभरणों की योजना करके सहज-लभ्य गुणों के अभाव की पूर्ति कर लेते हैं। ये आभरण अनेक प्रकार के हैं। कुछ केशों में पहने जाते हैं, कुछ शरीर पर धारण किये जाते हैं, कुछ वस्त्रों और अन्य बाह्य वस्तुओं की भाँति आरोप कर लिये जाते हैं और कुछ सुगन्धित द्रव्यों के योग से उत्पन्न कर लिये जाते हैं। अलका में इनके लिए विशेष प्रयत्न की जरूरत नहीं होती। वहाँ रंग-विरंगे वस्त्र, नयनों में विभ्रम उत्पन्न करनेवाली मदिरा, कोमल पत्ते तथा फूल-पौधों से लगाए जानेवाले महावर आदि सभी प्राकृतिक साधन कल्पवृक्ष ही दे दिया करता है। मर्त्यलोक के शिल्पी इनके लिए कितना प्रयास करते हैं? ताटंक, कुंडल, कर्णवलय आदि अलंकार अंगों को बेधकर पहने जाते हैं, इसीलिए 'आवेध्य' कहलाते हैं। अंगद, कुंकुम, श्रोणीसूत्र या करधनी, चूड़ामणि आदि अलंकार बाँधकर पहने जाते हैं, इसलिए इन्हें 'निबन्धनीय' कहा जाता है। उर्मिका, मंजीर, नूपुर आदि अलंकार प्रक्षेपपूर्वक पहने जाते हैं, इसलिए 'प्रक्षेप्य' कहे जाते हैं। झूलती हुई मालतीमाला, पुष्प-स्तवकों के अभिराम हार, मणि-खचित नक्षत्रमालिका आदि अलंकार शरीर पर आरोपित कर लिये जाते हैं, इसलिए ये 'आरोप्य' कहलाते हैं। इनके लिए कितने प्रकार के रत्न, स्वर्ण, मंडनद्रव्य और कितनी प्रकार की शिल्प-कलाओं का आविष्कार किया गया है! जो नहीं है, उसे पा लेने की अमर लालसा मर्त्यवासियों की विशेषता है। किन्तु जैसाकि मैंने तुमसे पहले ही कह रखा है, अलकापुरी विशुद्ध देवपुरी भी नहीं है। वह स्वर्ग और मर्त्य के बीच की

कड़ी है। वहाँ जो लालसा है, उसकी पूर्ति अनायास ही हो जाती है। उस प्राप्ति में आरम्भ नहीं है, प्रयत्न नहीं है और उद्यम का उल्लास नहीं है। ऐसे ही मोहक लोक में तुम्हें जाना है। उस कल्पवृक्ष के देश में समस्त मंडन द्रव्य अनायास प्राप्त होते रहते हैं।

वासश्चित्रं मधु नयनयोर्विभ्रमादेशदक्षं
पुष्पोद्भेदं सह किसलयैर्भूषणानां विकल्पान्।
लाक्षारागं चरणकमलन्यासयोग्यं च यस्या-
मेक: सूते सकलमबलामण्डनं कल्पवृक्ष: ॥ 11 ॥

"परन्तु क्या सौन्दर्य इतना ही है? ये सब शोभा के परिकर और व्यंजक-मात्र हैं। शोभा का मूल उत्स तो आत्मदान में है। जहाँ अपने-आपको दलित द्राक्षा की तरह निचोड़कर समर्पित कर देने की प्रवृत्ति नहीं है, वहाँ कचधार्य, देहधार्य, परिधेय और विलेपन जैसे मंडन द्रव्यों के निरन्तर प्राप्त होते रहने पर भी और रूप, वर्ण, प्रभा, राग, आभिजात्य, विलासिता, लावण्य, छाया और सौभाग्य के सुलभ होते रहने पर भी सच्चा सौन्दर्य नहीं बन पाता। अलका के गली-कूचों में बिखरे हुए रूप-वर्ण के अलंकार और मंडन द्रव्यों को देखकर तुम यह न समझ बैठना, कि यहाँ सचमुच सौन्दर्य का निवास है। सौन्दर्य को देखना हो, तो तुम्हें थोड़ा प्रयास करना होगा। तुम्हें उस स्थान को खोजना होगा, जहाँ शापग्रस्त व्यक्ति के चित्त में निरन्तर उद्वेल होती रहनेवाली अतृप्त लालसा व्याकुल भाव से किसी की प्रतीक्षा में सर्वस्व लौटा देने को प्रस्तुत है। वहीं तुम्हें जाना है, वही तुम्हारा लक्ष्य है, वहीं भेजना मेरी समस्त प्रार्थनाओं का उद्देश्य है। अलका में भी तुम्हें निष्कलुष प्रेम का समुद्र लहराता दिखाई देगा, आनन्द-निष्यन्दी अश्रुराशि की करुणाप्लावित धारा बहती मिलेगी, वियोग-विधुर चित्त के तप से विशुद्ध बना हुआ अनुराग दमकता दिखेगा। क्योंकि यहाँ भी देवता के कोप से शाप-ग्रस्त प्रणयी मिल जाते हैं, जो मर्त्यवासियों के समानधर्मा होते हैं। वे सचमुच धन्य हैं।

"अलका में सबसे समृद्धिशाली भवन यक्षाधिपति कुबेर का है, उसे पहचानने में तुम्हें कठिनाई नहीं होगी। उसके थोड़े ही उत्तर में मेरा घर है। दूर से ही उसका इन्द्रधनुष के समान तोरण दिखाई देता है। इस रंगीन तोरण को देखकर तुम आसानी से उसे पहचान लोगे। उसके पास ही एक छोटा-सा मन्दारवृक्ष है, जिसे मेरी प्रिया ने पुत्रवत् पाल रखा है। तुम उसे देखते ही पहचान जाओगे, उसके झबरीले पुष्प-स्तबक धरती पर झुके होंगे। अभी बच्चा ही तो है। लेकिन क्या शानदार है उसके पुष्प-स्तबक की झबरीली शोभा! हाथ से ही ये फूल प्राप्त कर लिये जा सकते हैं, क्योंकि बहुत ऊँचे पर नहीं खिले हैं। श्वेत चूर्ण से पुते हुए मोटे और चिकने हरे पत्तों की घनी छाया में झूलते हुए बैंगनी फूलों के गुच्छों की शोभा देखते ही बनेगी। कितने यत्न से प्रिया ने इसका लालन किया है, कितनी साध से इसे पाला है और कितने स्नेह से इसका सेचन किया है! स्नेह-रस ही वास्तविक शोभा का उत्पादक है। इस हस्त-प्राप्य स्तबकनमित बाल मन्दारवृक्ष को देखकर तुम मेरे घर को आसानी से पहचान लोगे।

तत्रागारं धनपतिगृहादुत्तरेणास्मदीयं
दूराल्लक्ष्यं सुरपतिधनुश्चारुणा तोरणेन।
यस्योपान्ते कृतकतनय: कान्तया वर्धितो मे।
हस्तप्राप्यस्तबकनमितो बालमन्दारवृक्ष: ॥ 12 ॥

"इसके भीतर एक बावड़ी है, जिसकी सीढ़ियाँ हरी-हरी मरकतमणियों से बाँधी गई हैं। उसमें मार्जार-नेत्र के समान कृष्ण-कपिश और चिकनी वैदूर्यमणि के मृणालवाले इतने स्वर्ण-कमल खिले होंगे, कि उसका पानी दिखाई नहीं देता होगा। सुवर्ण-कमलों की घनी छाया से सारी बावड़ी ढँक-सी गई होगी। इस बावड़ी में आकर बस गए हंस सारी चिन्ता भूलकर वहीं के हो जाते हैं; निकट ही जो उनका प्रिय गन्तव्य मानसरोवर है, वहाँ जाने की फिक्र उन्हें बिलकुल नहीं होती। तुम्हारे इस श्यामल मेदुर रूप को

देखकर हंस न जाने किस दुर्वार अभिलाषा से चंचल होकर मानस-सरोवर की ओर जाने के लिए व्याकुल हो उठते हैं। तुम्हें यह देखकर आश्चर्य होगा मित्र, कि मेरे घर की बावड़ीवाले हंस तुम्हें देखकर भी मानस-सरोवर को नहीं जाना चाहेंगे। शायद तुम पहली बार अपनी पराजय देखोगे, पर बुरा न मानना सखे, यह सब तुम्हारी भाभी की अपूर्व स्नेह-सरस छाया का प्रभाव है। भुवनमोहिनी प्राणिमात्र के चित्त में जिस सुकुमार चांचल्य को नित्य उल्लसित करती रहती हैं, उनका सुकुमारतम विलास तुम्हारी भाभी के स्नेह-मेदुर हृदय में आविर्भूत हुआ है। उस स्नेह का स्पर्श पाकर यदि हंस बेफिक्र हो गए हैं, तो इसमें आश्चर्य ही क्या है? जहाँ तुम्हारे इस मनोहर नयन-सुभग रूप को देखकर भी हंस व्याकुल न हो उठे हों, वही मानसरसैक शोभन रूप है, वहीं मेरी प्रिया रहती है। इस अद्‌भुत चिह्न को भूल न जाना, गाँठ बाँध लो।

वापी चास्मिन्मरकतशिलाबद्धसोपानमार्गा
हैमैश्छन्ना विकचकमलैः स्निग्धवैदूर्यनालैः।
यस्यास्तोये कृतवसतयो मानसं सन्निकृष्टं
नाध्यास्यन्ति व्यपगतशुचस्त्वामपि प्रेक्ष्य हंसाः ॥ 13 ॥

"उस बावड़ी के तट पर सुन्दर इन्द्रनीलमणियों से बने हुए शिखरवाला एक क्रीड़ा-पर्वत है, जिसके चारों ओर कनक-कदली का बेड़ा लगा हुआ है। यह क्रीड़ा-पर्वत मेरी गृहिणी को बड़ा प्यारा है और सही तो यह है मित्र, कि जब मैं तुम्हारे इस नीले शरीर के किनारों पर बिजली की कौंध देखता हूँ, तो कनक-कदली से वेष्टित नीलम के शिखरवाले उस क्रीड़ा-पर्वत की बात ही स्मरण करने लगता हूँ। एक-एक बार तो मेरा यह चित्त इतना कातर हो उठता है कि तुम्हीं को वह क्रीड़ा-पर्वत समझ लेता हूँ। रह-रहकर मेरे चित्त का यह विक्षेप मुझे पागल बना देता है। क्या मैं सचमुच पागल हो गया हूँ? तुम्हारे समान हितू को क्रीड़ा-पर्वत मान

लेना पागलपन ही तो है! जो, जो नहीं है, उसे वही समझ बैठना विक्षिप्त चित्त की ही तो करामात है! पर विवश हूँ मित्र, मुझे क्षमा करना। तुम्हें देखकर मेरे मन में क्रीड़ा-शैल का भ्रम होना बिलकुल असंगत बात है, मैं समझता हूँ, पर विवश हूँ। यही क्या भुवनमोहिनी की माया है? चित्त में निहित भयंकर अभाव को प्रतिक्षण कुहक के द्वारा, इन्द्रजाल के द्वारा, भरने की उनकी जो क्रिया है, उसे ही क्या शास्त्रकारों ने 'भाव' कहा है? मेरे मन में हर वस्तु को देखकर अभिलाष-कातर 'भाव' की तरंगें उठा करती हैं। मैं अपने 'भाव' को पहचान पाता हूँ। 'भाव' अर्थात् होना। जो मैं हूँ, जिसे पाकर मेरी सत्ता चरितार्थ होती है, वही तो मेरा 'भाव' है। क्या भुवनमोहिनी अपनी अद्भुत कुहक-तरंगों से मुझे नित्य बताना चाहती हैं कि मेरी चरितार्थता कहाँ है? यह अभिराम क्रीड़ा-पर्वत, जिस पर प्रिया के चरणों की मंजीर-ध्वनि मुखरित है, जिस पर उसके मृदुल-कोमल पद-संचार के समय महावर की लालिमा तरंगित हो उठती है, जिस पर वापी में स्नान करने के बाद निखरी हुई उसकी अंग-शोभा अनुभाव की लहरदार धारा से कान्ति की स्रोतस्विनी बहा देती है, हाय, यह क्या वही क्रीड़ा-शैल है? यहीं कहीं मेरी प्रिया—उदास प्रिया—बैठी मेरी बाट जोह रही होगी। परन्तु नहीं मित्र, यह निरा पागलपन है, मेरा चित्त अत्यन्त कातर हो उठा है, मैं तुम्हें अपने मकान का चिह्न बता रहा हूँ, पर न जाने कौन-सी दुर्वार शक्ति मुझे विवश कर देती है कि मैं तुम्हें क्रीड़ा-पर्वत समझ बैठता हूँ। जरा-सी समानता देखकर जो 'मनोज'-भावना समस्त ज्ञान को अवरुद्ध कर देती है और जो, जो नहीं है, उसे उसी रूप में उपस्थित कर देती है, वह निश्चय ही व्यक्ति-चित्त में विच्छिन्न भाव से उत्पन्न और वस्तु-विशेष से साम्य द्वारा उद्दीप्त होनेवाली खंड-भावना नहीं है। धन्य हो त्रैलोक्य-मनोज्ञ, त्रिकाल-कमनीय मनोमोहन देवता, कितना अखंड है तुम्हारा व्यापक प्रभाव! मेघ जैसे मित्र को क्रीड़ा-शैल के रूप में उपस्थित करने में तुम्हें क्षण-भर भी आयास नहीं करना पड़ता, अन्तर्निहित अभिलाष-भावना में तुम

अनायास ज्वार उत्पन्न कर देते हो। कहाँ वह मेरी मानसिक अभिलाष-धारा को उद्वेल कर देने वाला चित्तोन्माथी क्रीड़ा-शैल और कहाँ यह अकारण सुहृद् मेघ! पर मित्र, बुरा न मानना, सच्चा सखा वही है जो सुहृद् के वास्तविक 'भाव' को प्रत्यक्ष करा दे; तुम्हें देखकर मैंने अपनी सत्ता की चरम सार्थकता का रहस्य समझ लिया है। तुम क्रीड़ा-शैल ही हो, प्रिया के स्पर्श के कारण परम काम्य!"

तस्यास्तीरे रचितशिखर: पेशलैरिन्द्रनीलै:
क्रीड़ाशैलै: कनककदलीवेष्टनप्रेक्षणीय:।
मद्गेहिन्या: प्रिय इति सखे चेतसा कातरेण
प्रेक्ष्योपान्तस्फुरिततडितं त्वां तमेव स्मरामि॥ 14॥

यक्ष ने अपने को सँभालने का प्रयत्न किया। मेघ के चेहरे पर कुछ हलचल दिख रही है। क्या सोच रहा है वह? यही सोचता होगा वह कि यक्ष पागल हो गया है, इससे अधिक बात करना ठीक नहीं। ठीक ही तो है, यह भी कोई बात हुई, कि घर का पता बताने चले और भाव-गद्गद प्रलाप करने लगे! कौन पूछता है कि तुम्हारे चित्त में जो कातरता है, वह भुवनमोहिनी की अखंड भाव से व्याप्त इन्द्रजाल की माया है या व्यक्ति-विशेष में खंड-विच्छिन्न भाव से उठनेवाली काम-वासना? विरही हो बाबा, तो विरही की तरह बात करो, बेतुकी ऊल-जलूल बातों में क्यों उलझते हो? तंत्रज्ञ की मुद्रा क्यों धारण करते हो? सीधे क्यों नहीं कहते कि तुम्हारा घर कैसा है, कौन-से दरख्त हैं, कैसा फाटक है, कितने खम्भे हैं, उत्तर और है कि दक्खिनी सिरे पर? ठीक ही तो है, सन्देश भेजना हो तो सीधी बातें करनी चाहिए। यक्ष ने व्याकुल भाव से अपने को धिक्कारा। अब वह ऊल-जलूल नहीं बकेगा। सीधी बात सीधी भाषा में कहेगा।

"हाँ, मित्र, उस क्रीड़ापर्वत पर एक माधवी-मंडप है, कुरबक के बेड़े से घिरा हुआ। ठीक से समझ लो, उसमें दो छोटे-छोटे पेड़ हैं :

एक अशोक का, एक बकुल का। अशोक के पेड़ के चंचल किसलय बस देखने ही लायक हैं। पार्वत्य प्रदेशों में यह विश्वास प्रचलित है कि अशोक सुन्दरी रमणियों के नूपुरयुक्त वाम-पाद के ताडन से और बकुल (मौलसिरी) उनकी मुख-मदिरा से सिंचकर पुष्पित हो उठते हैं। उधर वसन्तकाल में धूम-धाम से उत्सव मनाकर इन वृक्षों को फूलने के लिए प्ररोचित किया जाता है। हर घर में सुन्दरी किशोरी चरणाघात से अशोक को और मुख-मदिरा के सेचन से बकुल को पुष्पित करने का अभिनय करती हैं। यह केवल छद्म है, अभिनय है, प्रथापालन-मात्र है! खैर, और जगह क्या होता है, यह तो मुझे नहीं मालूम, पर मेरे घर के ये दोनों हजरत जब तक तुम्हारी भाभी के सनूपुर चरण और मुख-मदिरा का आनन्द नहीं उठा लेते तब तक फूलने से कतई इनकार कर देते हैं। पहाड़ों पर हजारों अशोक अनायास फूलते रहते हैं, कहाँ बिचारों को लाल-लाल चरणों का स्पर्श मिलता है! पर हमारे हजरत ऐसे लाड़ले हैं कि उन्हें मेरी प्रिया का स्पर्श अवश्य मिलना चाहिए। अशोक महाशय तो ऐसे दुर्ललित हैं कि पूछो नहीं, चरण का ताडन उन्हें अवश्य मिलना चाहिए, सो भी दाहिने का नहीं, बायें चरण का! दाहिने से लग जाए तो उन्हें ज्यादा चोट लग सकती है, उससे वे नाराज हो जाते हैं। बायाँ चरण चाहिए, नूपुर अवश्य रहना चाहिए, महावर न लगी हो तो उनकी खुशामद अधूरी रह जाएगी। हल्का-सा पदाघात, नूपुर की झीनी रुनझुन, कौसुम्भ-वस्त्र की लहरीली फरफराहट और लो, हजरत कन्धे से ही फूट पड़ते हैं, लाल फूलों के गुच्छे झमाझम लहक उठते हैं! यह शौकीनी है। मगर इस अशोक को दोष भी क्या दूँ, मैं भी तो उन नूपरयुक्त चरणों को गोद में रख लेना चाहता हूँ, अशोक में पुष्प उत्पन्न होने के उत्सव के क्षण-भर बाद ही मैं उन्हें गोद में लेकर सहलाया करता था! हाय मित्र, उन पद्मताम्र चरणों की शोभा तुमने नहीं देखी, मैं व्याकुल भाव से सोच रहा हूँ कि उन्हें पाऊँ! कहाँ पाऊँ, कैसे पाऊँ? अशोक धन्य

है, मैं भाग्यहीन हूँ। हाय, प्रिया के उन थके चरणों का संवाहन करने का अवसर कब मिलेगा?"

> रक्ताशोकश्चलकिसलय: केसरश्चात्र कान्त:
> प्रत्यासन्नौ कुरबकवृतेर्माधवीमण्डपस्य।
> एक: सख्यास्तव सह मया वामपादाभिलाषी
> कांक्षत्यन्यो वदनमदिरां दोहदच्छद्मनाऽस्या: ॥ 15 ॥

फिर प्रलाप! मेघ कह रहा है, उसे जल्दी है। पँवारा बन्द करो, सीधी बात कहो।

"हाँ, ठीक है मित्र, बार-बार गलती हो जाती है। चित्त दुर्बल हो गया है। मेरे घर के और चिह्न भी हैं, सुन लो। ये जो दोनों वृक्ष हैं—अशोक और बकुल—उनके बीच में कच्चे बांस के समान हरी चिकनी मणियों से बनी एक चौकी है, जिसके ऊपर स्फटिक की एक चौकोर पाटी बाँधी गई है। उस पाटी पर सोने की एक वास-यष्टि है, जिस पर तुम्हारा सुहृद् मयूर सूर्यास्त के बाद नित्य आकर बैठता है। इस मयूर को भी तुम कम विदग्ध न समझना। भलेमानस को मेरी प्रिया चूड़ियों की रुन-झुन से ही नचा देती है! इंगुर जैसी गोरी कलाइयों की रंगीन चूड़ियों की रुनझुन से नाच उठना क्या मामूली रस-संवेदना है? मगर क्या करोगे मित्र, तुम्हारी भाभी के स्पर्श में ही रस है। उसने जिसे ही छू दिया, निहार दिया, छाया-दान किया, वही रसमग्न हो जाता है, वह पारसरूपा है!

> तन्मध्ये च स्फटिकफलका काञ्चनी वासयष्टि-
> र्मूले बद्धा मणिभिरनतिप्रौढवंशप्रकाशै:।
> तालै: शिञ्जावलयसुभगैर्नर्तित: कान्तया मे
> यामध्यास्ते दिवसविगमे नीलकंठ: सुहृद्व: ॥16 ॥

"इतना काफी है। इन चिह्नों को देखकर तुम मेरा घर पहचान लोगे। द्वार पर ही शंख और पद्म लिखे दिखाई देंगे। शंख अपने लहरदार आवर्त्तों

के कारण और पद्म अपने क्रमवर्द्धमान दलों की निराली शोभा के कारण अनन्त समृद्धि के प्रतीक बन गए हैं। मेरे घर में लिखे गए शंख और पद्म आशा और विश्वास के ही निदर्शन हैं। हर गृहस्थ शंख और पद्म की संख्या तक पहुँचनेवाले धन की आकांक्षा करता है, आशा रखता है, विश्वास रखता है। मिलता है कि नहीं, यह बड़ी बात नहीं है। गृहस्थ मंगलकामी होता है, आशा उसकी प्रेरणा है, विश्वास उसका बल। मैंने भी अपने द्वार पर शंख और पद्म लिखवा रखे हैं। उन्हें देखते ही तुम पहचान लोगे। लेकिन सबसे बड़ा चिह्न यह है कि मेरा घर बहुत उदास दिख रहा होगा, मेरे अभाव में वहाँ उल्लास कहाँ रह गया होगा! सूर्य के बिना कहीं कमल खिल सकते हैं?

एभिः साधो हृदयनिहितैर्लक्षणैर्लक्षयेथा
द्वारोपान्ते लिखितवपुषौ शङ्खपद्मौ च दृष्ट्वा।
क्षामच्छायं भवनमधुना मद्वियोगेन नूनं
सूर्यापाये न खलु कमलं पुष्यति स्वामभिख्याम्॥ 17॥

"बस, अब देर न करना। निश्चित रूप से यही मेरा घर है। उसी क्रीड़ा-पर्वत की चोटी पर जा बैठना। लेकिन कैसे जाओगे? वाह, यह भी कोई प्रश्न है! तुम इन्द्र के कामरूप अनुचर हो; जैसा चाहो, वैसा ही रूप धारण कर सकते हो, इसमें तुम्हें क्या सोचना है, झट-से हाथी के बच्चे जैसा रूप बना लेना और आहिस्ते से क्रीड़ा-पर्वत की चोटी पर जा बैठना। और फिर? फिर जुगनुओं की पंक्ति के समान झिलमिलाने वाली अपनी बिजली की दृष्टि से घर के भीतर झाँकना, बहुत हौले-हौले! तुमने अगर जल्दी-जल्दी तेज निगाह दौड़ाई तो अनर्थ हो सकता है, इसलिए, मित्र, बहुत सावधानी से आहिस्ते-आहिस्ते उस घर के कोने-कोने में दृष्टिनिपात करना, कड़कना नहीं, चमकना नहीं, चकाचौंध न उत्पन्न कर देना। तुम नहीं जानते, कितने सुकुमार शरीर के कितने

सुकुमार हृदय को तुम्हें पहचानना है। तेज रोशनी न कर देना, हल्की-हल्की रोशनी—अल्पाल्प भास!

> गत्वा सद्यः कलभतनुतां शीघ्रसम्पातहेतोः
> क्रीड़ाशैले प्रथमकथिते रम्यसानौ निषण्णः।
> अर्हस्यन्तर्भवनपतितां कर्तुमल्पाल्पभासं
> खद्योतालीविलसितनिभां विद्युदुन्मेषदृष्टिम्॥ 18॥

"घुमन्तू मौजी जीव हो। उज्जयिनी से बढ़ोगे तो बौद्ध कलाकारों की बनाई हुई भोंडी तुन्दिल यक्ष-मूर्तियाँ तुम्हें बहुत मिलेंगी। इधर के लोगों ने मान लिया है कि सेठ और सेठानियाँ मोटे शरीर की होती हैं। जिसके पास पैसा होता है, वही मोटा होता है। उसी के शरीर की चर्बी बढ़ जाती है और यक्षों से बड़ी सेठाई कहाँ मिलेगी? सो कल्पनाविलासी होते हुए भी यथार्थवादी हौंसवाले बौद्ध मूर्तिकार यक्षिणियों की भोंडी मूर्तियाँ बनाया करते हैं। साँची और भरहुत में इन मूर्तिकारों ने ऐसी सैकड़ों यक्षमूर्तियाँ बना रखी हैं और आज भी बनाते जा रहे हैं। इन्हें देखने के बाद तुम्हारी कल्पना में यक्ष-यक्षिणियों की ऐसी तुन्दिल भोंडी मूर्तियाँ घूमती रहेंगी। कहीं मेरी प्रिया को भी ऐसी न मान बैठना। मानता हूँ मित्र, कि पैसा मनुष्य को भीतर और बाहर से बेडौल बना देता है, पर मेरा घर ऐसा नहीं है। मेरी प्रिया के चित्त में उस अद्भुत प्रेमदेवता का निवास है, जो मनुष्यलोक में भी दुर्लभ है। इसलिए भीतर से बाहर तक वह कमनीय है। वह तन्वी है, पतली सुवर्ण-शलाका-सी! प्रथम कैशोर वय में जो तपे हुए कुन्दन का-सा गाढ़ पीत-रंग तरुणियों में श्यामा कान्ति निखार देता है, जिसके कारण यौवन के चढ़ाव पर खड़ी तरुणियों को 'श्यामा' कहकर सहृदय जन उल्लसित होते हैं, वही रंग तुम उसमें तरंगित होते देखोगे। वह सच्ची 'श्यामा' है। मुझे व्याकुल विरही समझकर मेरे शब्दों को अन्यथा-प्रयुक्त मत समझना। मुझे तो कभी-कभी ऐसा लगता है कि असली कुन्दन का श्यामाभ रंग विधाता

एक ही बार बना सके थे और उसका उपयोग उन्होंने मेरी हृदयेश्वरी के बनाने में ही किया था। संयोग से ही वह मोहन रंग बन गया होगा, रोज-रोज थोड़े वह संयोग आता है, बना सो बना! और उसके नन्हे-नन्हे नुकीले दाँत? जब वह हँसती है तो मोती झरते हैं! शास्त्रों में जो लिखा है कि स्निग्ध, समान रूपवाले, एक कतार में समान भाव से विन्यस्त दाँतों को 'शिखरी' कहते हैं, जो ताम्बूल रस से सिक्त होने पर भी स्फुट कान्तिवाले, समान भाव से चमका करते हैं, वह तो मानो उसी को देखकर लिखा है। वह सचमुच 'शिखरि-दशना' है। शास्त्रकारों की दृष्टि भी कहाँ-कहाँ तक जाती है! निश्चय ही वे त्रिकालदर्शी होते हैं, नहीं तो इतना पहले इन सौभाग्यव्यंजक दाँतों का अनुमान वे कैसे कर सकते थे? तुम इन सुन्दर दाँतों को ताम्बूल-रस-सिक्त देखते तो मेरी बात समझ सकते। कहाँ देख पाओगे? उसने साल-भर तक पान खाया ही नहीं होगा। मगर फिर भी उन 'शिखरी' दाँतों को तुम पहचान लोगे। मगर मैं भी क्या प्रलाप बक रहा हूँ! तुम्हें उसके दाँत दिखेंगे कहाँ? हाय, उसने इन शाप-भ्रष्ट दिवसों में क्या कभी हँसने का अवसर पाया होगा मित्र? विरह ने सब झुलसा दिया होगा! वे कुन्दकलिका के समान दाँत कभी खुले ही नहीं होंगे। अधरोष्ठ भी सूख गए होंगे। परन्तु मेरा अनुमान है कि उन अधरों पर सहज विराजमान लालिमा, जो पके हुए विम्बफल में ही दिखाई देती है, अब भी वैसी ही होगी। तुमने 'पक्व बिम्बाधर' शब्द सुना होगा, इसका अर्थ समझना चाहो तो उसी के अधरों को देखकर समझ सकते हो। हाय, वे अधर अब कैसे हो गए होंगे! और वे चकित हरिणी के नेत्रों के समान भीत-चपल बड़ी-बड़ी आँखें? मित्र, शोभा और विच्छित्ति उन आँखों के इशारे पर उठती-बैठती हैं। तुमने पद्मिनी जाति की उत्तम स्त्रियों की चर्चा सुनी होगी। महामाया का सबसे सुकुमार विलास स्त्री-शरीर के अवयवों में आविर्भूत हुआ है और उस विलास का सर्वाधिक मोहक अधिष्ठान पद्मिनी नारी है। महामाया का यह त्रैलोक्य-मनोज्ञ विलास पद्मिनी नारी के 'चकितमृगदशाभप्रान्तरक्त'

नयनों में उल्लसित होता है। मैं कहूँ कि महाशक्ति का सर्वोत्तम उल्लास नारी के नयन-कोरकों में तरंगित होता है, तो इसे गलत न समझना। एक बार जिसने इस प्रकार के शोभन नयनों का प्रसाद पा लिया, वह धन्य है। उसने इस सृष्टि के मूल में स्पन्दित होनेवाली महामाया का प्रसाद पा लिया है। तुम जिस क्षण प्रिया के उन मनोज्ञ नयनों को देखोगे, उसी समय तुम्हें अपना जीवन चरितार्थ जान पड़ेगा, तुम्हारे शत-शत जन्मान्तर कृतार्थ जान पड़ेंगे। क्योंकि तुम विधाता की आदि-सिसृक्षा को प्रत्यक्ष रूप में देखोगे। यदि मेरी हृदयेश्वरी बैठी होगी तो तुम उसकी तनुता, उसकी श्यामता, उसकी अधर-शोणिमा और उसके स्निग्ध नयन-कोरकों को देखते ही पहचान लोगे। पर कदाचित् वह गृह-कर्म में लगी हो, शायद खड़ी हो, शायद चल रही हो, फिर भी तुम्हें उसे पहचानने में देर नहीं लगेगी। उसका कटि-प्रदेश बहुत पतला है, नाभि गम्भीर है, पीन-उन्नत वक्ष:स्थलों के कारण वह आगे झुकी हुई-सी लगती है, श्रोणी-भार के कारण गति में अलस विक्षेप है, बहुत धीरे-धीरे चल पाती है। मैं ठीक कहता हूँ मित्र, विधाता की आदि-सिसृक्षा को तुम उसमें प्रत्यक्ष देख पाओगे।

तन्वी श्यामा शिखरिदशना पक्वबिम्बाधरोष्ठी
मध्ये क्षामा चकितहरिणीप्रेक्षणा निम्ननाभि:।
श्रोणीभारादलसगमना स्तोकनम्रा स्तनाभ्यां
या तत्र स्याद्युवतिविषये सृष्टिराद्येव धातु:॥ 19॥

"आदि-सिसृक्षा! मंत्रद्रष्टाओं ने कहा है कि परमशिव के मन में एक बार यह बात आई कि मैं एक हूँ, अनेक होऊँ। उसी दिन वे दो तत्त्वों में अपने-आपको विभक्त करके प्रकट हुए। कोई नहीं जानता कि वह कौन-सी दुर्वार अभिलाष-भावना थी, जिसने परमशिव को इस प्रकार अपने-आपको द्विधा-विभक्त करने को प्ररोचित किया। उसी दिन से उस दुर्मद अभिलाष-भावना ने विश्व-ब्रह्मांड में शिव और शक्ति की अबाध लीला

को मुखर कर रखा है। इसी को शास्त्रकारों ने 'सिसृक्षा' कहा है। और उसी दिन जो शिव और शक्ति का पारस्परिक आकर्षण व्यक्त हुआ, वह 'आदिरस' कहा जाता है। भरतमुनि ने उसे ही 'आद्य-रस' या 'श्रृंगाररस' नाम दिया था। यह सारा जगत्प्रपंच उसी आद्य-रस का लीला-निकेत है। उसी दिन विश्वव्यापिनी महाशक्ति ने अपने-आपको भुवनमोहनी-रूप में व्यक्त किया। वह भुवनमोहिनी विधाता की आदि-सृष्टि है। क्या होता होगा भुवनमोहिनी का त्रैलोक्य-मनोहर रूप! कोई नहीं जानता कि उन्होंने कितने रूपों में कितनी बार अपने-आपको अभिव्यक्त किया है। मेरा हृदय कहता है कि 'पिंड' में कभी-कभी उस ब्रह्मांड-व्यापी शक्ति को देख लेने का सौभाग्य पुरातन पुण्यों के अतिरेक से ही होता होगा। उनकी महिमामयी अभिव्यक्ति को क्वचित्-कदाचित् बड़भागी लोग ही देख सकते होंगे। अलका के इस शंख-पद्मांकित गृह में जो सौभाग्य-लक्ष्मी तुम्हें मिलेगी, उसमें मैंने भुवनमोहिनी—विधाता की आदिसृष्टि—को प्रत्यक्ष देखा है। मेरा सारा अस्तित्व तरल होकर उसी की ओर ढरक जाना चाहता है, यह कैसी रहस्य-लीला है! आदि-सिसृक्षा, आद्य-रस और आद्य-सृष्टि का रहस्य मेरे निकट हस्तामलक की भाँति प्रत्यक्ष हो रहा है। यह क्या उन्माद है, चित्त-विक्षेप है, चपल-वातुलता या मेरे जनमान्तरों की कृतार्थता है? नहीं जानता मित्र, कि तुम इसे क्या समझ रहे हो, परन्तु मेरा रोम-रोम आज पुलकित कदम्ब-केसर की भाँति उद्भिन्न होकर कहना चाहता है कि यहीं विधाता की 'आद्य-सृष्टि'—युवति-जनों में अभिव्यक्त होनेवाली भुवन मोहिनी—प्रत्यक्ष हो उठी है, यहीं उनका त्रैलोक्य-सौभग रूप मूर्तिमान हुआ है!

"अपने प्रिय-सहचर से वियुक्त चक्रवाकी की भाँति वह बहुत कम बोल रही होगी। उसे तुम मेरा दूसरा प्राण—द्वितीय जीवन—समझना। विरह के भार से भारी बने हुए दीर्घ दिवस बीतते जा रहे हैं, उत्कंठा गाढ़ से गाढ़तर होती जा रही है। मैं समझता हूँ कि वह शिशिरमथिता पद्मिनी के समान मुरझा गई होगी। उत्कंठा बड़ी कठिन मन:स्थिति है। जब

हृदयस्थित राग अपना लक्ष्य नहीं प्राप्त कर पाता तो चित्त में महती वेदना का आविर्भाव होता है, जो समूचे शरीर को सुखा डालती है। मैंने अपनी प्रिया के जिस मोहन रूप का वर्णन किया है, वह निश्चय ही बदल गया होगा। शिशिरमथिता पद्मिनी में सहज उत्फुल्लता कहाँ रह जाती है! हाय, उसका रूप ही दूसरा हो गया होगा!

तां जानीथा: परिमितकथां जीवितं मे द्वितीयं
दूरीभूते मयि सहचरे चक्रवाकीमिवैकाम्।
गाढोत्कण्ठां गुरुषु दिवसेष्वेषु गच्छत्सु बालां
जातां मन्ये शिशिरमथितां पद्मिनीं वान्यरूपाम्॥ 20॥

"निस्सन्देह प्रबल वेदना से उसकी आँखें सूज गई होंगी, गर्म नि:श्वासों की निरन्तर लगती रहनेवाली आँच से उसके ओष्ठ सूखकर फीके पड़ गए होंगे, कहाँ रह गई होंगी चकित हरिणी के समान बरबस आकृष्ट करनेवाली आँखें और पक्व बिम्बफल के समान अधर-लालिमा! सब झुलस गया होगा! और उसका चाँद-सा सुन्दर मुख तो तुम पूरा देख भी नहीं सकोगे। अत्यन्त चिन्ताकातर होने के कारण आधा तो वह हथेली पर ही पड़ा होगा, और जो-कुछ खुला भी होगा, उस पर उसकी अस्त-व्यस्त चिकुर-राशि असंगत भाव से विथुरी होगी। ठीक उसी प्रकार की शोभा होगी, जैसी तुम्हारे द्वारा आच्छादित चन्द्रमंडल की होती है। फिर या तो वह देवताओं की पूजा में व्यस्त मिलेगी, या अपनी कल्पना द्वारा मेरे विरह-निर्बल शरीर का चित्र बनाती दिखेगी, या फिर यह भी हो सकता है कि मीठी सुरीली आवाजवाली मैना से पूछती ही दिख जाएगी कि 'ऐ रसिके, तुझे क्या अपने मालिक की याद आती है, तू तो उन्हें बड़ी प्रिय थी?'

नूनं तस्या: प्रबलरुदितोच्छूननेत्रं प्रियाया-
नि:श्वासानामशिशिरतया भिन्नवर्णाधरोष्ठम्।
हस्तन्यस्तं मुखमसकलव्यक्ति लम्बालकत्वा-
दिन्दोर्दैन्यं त्वदनुसरणक्लिष्टकान्तेर्बिभर्ति॥ 21॥

आलोके ते निपतति पुरा सा बलिव्याकुला वा
मत्सादृश्यं विरहतनु वा भावगम्यं लिखन्ती।
पृच्छन्ती वा मधुरवचनां सारिकां पञ्जरस्थां
कच्चिद्भर्तु: स्मरसि रसिके त्वं हि तस्य प्रियेति॥ 22॥

"और यह भी हो सकता है कि मैले वस्त्र धारण किये गोद में वीणा लिये, उच्च स्वर से मेरा नाम लेकर और मेरे कुल की कीर्तिगाथा बनाकर गाने का प्रयत्न करती मिलेगी। हाय मित्र, कितना करुण होगा वह गान! निरन्तर झड़नेवाली अश्रुधारा से भीगे हुए वीणा-यंत्र को तो वह किसी प्रकार पोंछ भी लेती होगी, पर मेरे स्मरण से इतनी बेसुध होगी, कि सधे स्वरों के आरोह-अवरोह को भूल ही जाती होगी!

उत्संगे वा मलिनवसने सौम्य निक्षिप्य वीणां
मद्गोत्राङ्कं विरचितपदं गेयमुद्गातुकामा।
तंत्रीमार्द्रां नयनसलिलै: सारयित्वा कथंचिद्—
भूयोभूय: स्वयमपि कृतां मूर्च्छनां विस्मरन्तीम्॥ 23॥

"मगर सम्भावना और भी है। हो सकता है कि मेरे विरह के दिन से ही देहली पर दिये हुए पुष्पों को धरती पर फैलाकर गिन रही हो कि कितने दिन बीत गए, और कितने दिन और बाकी रह गए हैं। हो सकता है कि हृदय में मेरे साथ बिताए हुए आनन्दमुखर अवसरों का कल्पना द्वारा साक्षात्कार करके उसी के रस में मुग्ध बनी हो। प्राय: स्त्रियाँ प्रिय के विछोह के समय ऐसा ही कुछ करती हुई दिन काटा करती हैं—यही उनका विनोद होता है।

शेषान्मासान्विरहदिवसस्थापितस्यावधेर्वा
विन्यस्यन्ती भुवि गणनया देहलीदत्तपुष्पै:।
मत्सङ्गं वा हृदयनिहितारम्भमास्वादयन्ती
प्रायेणैते रमणविरहेष्वङ्गनानां विनोदा:॥ 24॥

“दिन तो किसी प्रकार उसके इन कामों से कट जाता होगा, पर रात कैसे कटती होगी? मुझे आशंका है कि रात को उसका दु:ख बहुत बढ़ जाता होगा, उस समय ऐसे विनोद काम नहीं आते होंगे। जब महाकाल देवता धरित्री पर अन्धकार का काला पर्दा डाल देते हैं, तो अन्त:करण समस्त कर्मजाल से विरत होकर विश्राम पाता है। यही समय प्रियविरहिताओं का सबसे कठोर समय होता है। दूर पड़े हुए प्रियतम के चित्त में जो भावतरंगें उठा करती हैं, वे न जाने कैसे प्रेमी के चित्त को मथित-व्याकुल कर देती हैं। कैसे इन लोगों की धड़कन सैकड़ों योजन दूर रहनेवाले प्रियजन के चित्त में कम्पन की प्रतितरंगें उत्पन्न करती हैं, यह भारी रहस्य है; कहीं-न-कहीं कोई अन्तर्निहित अद्वैत भावधारा अवश्य काम कर रही होगी, नहीं तो यह सब कैसे सम्भव हो सकता है? इसीलिए मेरी सलाह यह है कि तुम निशीथकाल में मेरा सन्देशा सुनाकर उसे सुखी करना। मैं ठीक जानता हूँ, वह बिचारी उनींदी होकर धरती पर पड़ी होगी! कैसी निद्रा, कैसी सेज! खिड़की उसने अवश्य खोल रखी होगी, तुम चुपचाप उसी पर जा बैठना।

सव्यापारामहनि न तथा पीडयेन्मद्वियोग:
शङ्के रात्रौ गुरुतरशुचं निर्विनोदां सखीं ते।
मत्सन्देशै: सुखयितुमलं पश्य साध्वी निशीथे
तामुन्निद्रामवनिशयनां सौधवातायनस्थ: ॥ 25 ॥

“तुम नहीं समझ सकते मित्र, भगवान् न करें कि तुम्हें यह सब समझने का अवसर मिले! विरह बड़ी दारुण अवस्था होती है। मेरी प्रिया की, पल्लविनी लता के समान यौवनभरित देह-यष्टि इस मानसिक दु:ख के निरन्तर आक्रमण से क्षाम—क्षीण—हो गई होगी; जैसे भरे वसन्त में वात्याव्याकुल पत्रहीना मधुमालती लता हो! विरह-ताप के शमनार्थ उसने किसलयों की शय्या रची होगी और उसके एक किनारे दुबकी पड़ी हुई

इस प्रकार दिख रही होगी, जैसे कृष्ण-पक्ष की चतुर्दशी की क्षीण चन्द्रकला उष:कालीन प्राची दिशा में ठिठकी पड़ी रहती है। कोई ऐसा भी समय था, जब मेरे साथ नाना भाव के आनन्दजनक सुखों को अनुभव करती हुई उस दु:खिनी की रातें क्षण-भर की तरह कब समाप्त हो जाती थीं, इसका पता भी नहीं चल पाता था। आज वे रात्रियाँ कितनी दारुण बन गई होंगी, विरह के कारण उनका विस्तार बहुत बढ़ गया-सा जान पड़ता होगा। जो रातें कभी पल-भर में समाप्त हो जाती थीं, उन्हें आज आँसुओं के साथ न जाने कैसे बिता रही होगी! विरहदीर्घ रात्रि-काल उसके लिए बड़े भयंकर हो उठे होंगे।

आधिक्षामां विरहशयने सन्निषण्णैकपार्श्वां
प्राचीमूले तनुमिव कलामात्रशेषां हिमांशो:।
नीता रात्रि: क्षण इव मया सार्धमिच्छारतैर्या
तामेवोष्णैर्विरहमहतीमश्रुभिर्यापयन्तीम्॥ 26॥

मैं कभी-कभी सोचता हूँ कि चन्द्रमा की शीतल किरणें उसे कष्ट ही दे रही होंगी। पहले के अनुभवों से उत्साहित होकर जब वह जालीदार खिड़की के रास्ते से घर में प्रवेश करनेवाली चन्द्रकिरणों को आशा और विश्वास के साथ देखती होगी और शीतलता के स्थान पर उष्णता पाकर कातर भाव से तुरन्त अपनी दृष्टि हटा लेती होगी, तो उसका सुन्दर मुख कैसा करुण हो उठता होगा! हाय, हाय, उसकी आँखें दुख जाती होंगी, अश्रुभार से गीले पलकों से उन्हें ढकने का प्रयत्न करती होगी, और वे बड़ी-बड़ी आँखें मेघावृत दिवस में आधी-खुली आधी-मुँदी स्थलपद्मिनी के समान विचित्र करुण शोभा धारण करती होंगी। क्या कहोगे उन आँखों को मित्र, जो न खुली हैं, न मुँदी हैं, न जगी हैं, न सोई हैं? मेरा अन्तस्तल उनकी कल्पना-मात्र से फटा जा रहा है। हाय मित्र, मेघावृत दिवस की स्थल-पद्मनी—'न प्रबुद्धा, न सुप्ता!'

पादानिन्दोरमृतशिशिराञ्जालमार्गप्रविष्टा-
न्पूर्वप्रीत्या गतमभिमुखं संनिवृत्तं तथैव।
चक्षुः खेदात् सलिलगुरुभिः पक्ष्मभिश्छादयन्तीं।
साभ्रेऽह्नीव स्थलकमलिनीं न प्रबुद्धां न सुप्ताम्॥ 27॥

उसने मंडन द्रव्यों का उपयोग तो छोड़ ही दिया होगा। उसे मंडन द्रव्यों का बड़ा शौक है। घर में कस्तूरी, कुंकुम, चन्दन, कपूर, अगुरु, कुलक, दन्तवास, पटवास, सहकार, तैल, ताम्बूल, अलक्तक, अंजन, गोरोचन, क्या नहीं है? पर इस समय तो कैसा तेल और कैसा फुलेल! बस, किसी तरह दो लोटा पानी डालकर नहा-भर लेती होगी। पूजा तो उससे छूट नहीं सकती, और इस समय तो प्रवासी प्रियतम की मंगल-कामना के लिए वह और भी आवश्यक हो गई। इसलिए नहाना वह नहीं भूलती होगी। तुम चाहो तो इस पानी ढालने को 'शुद्ध स्नान' कह सकते हो। मगर सोचो मित्र, इस शुद्ध स्नान से उसके रेशम से भी अधिक मुलायम केश कैसे रूखे हो गए होंगे! मैं निश्चित जानता हूँ कि उसके ये रूखे केश उसके मनोहर गुलाबी गालों पर बुरी तरह बिखर गए होंगे और लाल-लाल अधरों को क्लेश पहुँचानेवाले उत्तप्त निःश्वासों के झोंकों से हिल भी रहे होंगे। वह उन्हें हाथों से बराबर संयत करती होगी, पर यत्न-वंचित स्नेह-वंचित ये रूप केश बार-बार उसके मुख पर छा जाते होंगे। बड़े लाड़ले हो गए हैं वे। बेचारे क्या जानते हैं कि उनके यत्न करने का प्रयासी चित्त कहीं खो गया है! कौन उनकी सेवा करे? चाहती होंगी, नींद आ जाए, सपनों में भी प्रिय का मिलन हो जाए, पर कमबख्त आँसुओं की अविरल धारा आँख भी तो लगने दे!

निःश्वासेनाधरकिसलयक्लेशिना विक्षिपन्तीं
शुद्धस्नानात्परुषमलकं नूनमागण्डलम्बम्।
मत्सम्भोगः कथमुपनयेत्स्वप्नजोऽपीति निद्रा-
माकांक्षन्तीं नयनसलिलोत्पीडरुद्धावकाशाम्॥ 28॥

"जिस दिन अभिशाप का मारा हुआ मैं विदा हुआ, उस दिन उसने केशों को बाँधनेवाली माला फेंक दी और एक ही लट में उन्हें बाँध दिया। मैंने उमड़ते हुए आँसुओं की धारा को रोककर बिदा ली। बिदा लेना क्या सरल था? मगर विदा लेनी पड़ी। विचित्र माया है मित्र, कोई नहीं चाहता कि उसका प्रिय बिछुड़ जाए। सभी चाहते हैं कि प्रियजन को बाहुपाश में बाँधकर रोक लें। पर संसार है कि सभी को छोड़-छाड़कर चल देना पड़ता है। मनुष्य कितना विवश है, कितना अपंग! नीचे से ऊपर तक भयंकर हाहाकार के भीतर से एक ही स्वर प्रबल भाव से सुनाई दे रहा है : 'रुक जाओ, ठहरो!' और इस स्वर के कोलाहल में अदृष्ट देवता के भृकुटितर्जन से निरन्तर सबको छोड़कर चल देने की प्रक्रिया अविराम गति से चल रही है। वह सामने जो राम-गिरि का निर्झर है, उसके भीतर इस हाहाकार का क्रन्दन मुझे नित्य सुनाई देता है। मुझे ऐसा लगता है कि ऊँचाई पर लोकचक्षु के बिलकुल अन्तराल में स्थित कोई प्रेयसी उसे अपनी शिथिल बाहुलताओं से जकड़ने का प्रयत्न कर रही है और कह रही है, 'क्या थोड़ा और नहीं रुक सकते?' और वह कातर भाव से चीत्कार कर रहा है, 'नहीं प्रिये, ऊपर देवता विकट भृकुटि से इंगित कर रहा है कि तू शापग्रस्त है, तुझे नीचे गिरना पड़ेगा—नीचे, नीचे, और भी नीचे!' यही हुआ मित्र, जब प्रथम वियोग की कल्पना-मात्र से मेरी प्रिया ने व्याकुल होकर मेरे प्रस्थान-क्षण में मेरी ओर देखा था, अविरल अश्रुधारा से धौत होते रहने के कारण उसके गुलाबी कपोल फीके पड़ गए थे, आँखें सूज गई थीं और मृणाल-नाल के समान उसकी बाँहें शिथिल श्यामालता की भाँति निश्चेष्ट हो गई थीं। उसका कंठ वाष्प-रुद्ध था, वह कुछ बोल नहीं सकी, केवल भीतिजड़ नेत्रों की कनखियों से उसने मेरी ओर विवश भाव से देखा। उस दृष्टि का अर्थ था, 'क्या अब कुछ भी नहीं हो सकता?' क्या हो सकता है प्रिये! तुम्हारी इस दशा को देखकर पाषाण पिघल सकता है, पर देवता तो पाषाण नहीं हैं, उन्हें विधाता ने सब दिया है, केवल हृदय

नहीं दिया। चलना ही पड़ा। मैं निरन्तर इस निर्झर के हाहाकार में अपनी ही कहानी सुना करता हूँ। कितनी करुण वेदना है, पर संसार है कि अपनी गति से चली ही जा रहा है। मैं जब चलने को प्रस्तुत हुआ, उस समय प्रिया ने उस मालती की माला—मालतीदाम—को केशों से उतार दिया, जिसे बड़े यत्न से मैंने स्वयं केश-पाश में उलझाया था। उसने सारे केशों की एक ही लट बनाकर समेट के बाँध लिया। मेरा अन्त:करण जैसे फटकर द्विधा-विभक्त हो गया। उसने कातर भाव से संक्षेप में कहा : 'जब लौटोगे तो तुम्हीं ठीक करोगे।' हाय मित्र, यह शाप न जाने कब समाप्त होगा! इसका जब अन्त होगा, जब फिर लौट जाऊँगा, तभी उन केशों का कुछ संस्कार हो सकेगा; अभी वे ऐसे सूखे हो गए होंगे कि उन्हें छूने में उसे पीड़ा हो रही होगी, उलझी हुई स्पर्श-क्लिष्टा चोटी उसके गालों पर आ लटकती होगी, और वह बार-बार अपने—असंयमित होने के कारण—बढ़े हुए नाखूनोंवाले हाथ से हटाने का प्रयत्न कर रही होगी।

"इसमें एक रहस्य है। मैं जब बालक था, राजा कुबेर की सेवा में अभी नियुक्त ही हुआ था, उस समय गुह्यकेश्वरी ने एक बार आज्ञा दी कि आज सरस्वती-विहार में त्रैलोक्य-जननी पार्वती पधारनेवाली हैं, उनके चरणों में अर्घ्य देने के लिए सुन्दर ताजे फूलों का तोड़ा लेकर वहाँ उपस्थित होओ। मैंने आज्ञा का पालन किया। वैभ्राज वन के सर्वाधिक मनोहर और सुकुमार पुष्पों का चयन किया और यथासमय सरस्वती-विहार में पहुँचा। भवन बहुत अच्छी तरह सजाया गया था। वहाँ जाने पर पता चला कि वहाँ केवल अलकापुरी की महिलाएँ ही उपस्थित थीं, पुरुष कोई नहीं था। एक क्षण के लिए मुझे संकोच हुआ, परन्तु गुह्यकेश्वरी की आज्ञा का उल्लंघन करना भी ठीक नहीं था। इसलिए द्वार-रक्षिणियों की अनुमति लेकर सभास्थल पर पहुँच गया। प्रवेश करते ही त्रैलोक्यजननी के दर्शन हुए। मेरा जन्म-जन्मान्तर कृतकृत्य हो गया। कोई ऐसा प्रसंग चल रहा था जिसमें मेरे अचानक पहुँचने से व्याघात की आशंका थी, इसलिए गुह्यकेश्वरी ने

इंगित से आदेश दिया कि चुपचाप खड़े रहो। मैं कुछ ठिठका-सा वहीं खड़ा रहा। एक बार देवी की स्निग्ध दृष्टि मुझ पर पड़ी और मुझे ऐसा लगा कि मेरे अन्तर् तक के समस्त कलुष आज धुल गए। उस समय एक विद्याधर-वधू पार्वती के चरण-स्पर्श करने पहुँची थी। उसकी सुन्दर मनोहर चिकुर-राशि खुली हुई थी और उसकी पीठ पर इस प्रकार झूल रही थी, जैसे मधु-लोभ से आकृष्ट सैकड़ों भ्रमरों की पंक्तियाँ झूल रही हों। जगन्माता ने प्यार से उसका सिर चूम लिया और बड़े लाड़ के साथ उसे उठा लिया। फिर उन्होंने उसके केशों को तीन वेणियों में विभाजित किया और उन्हें एक-दूसरे से उलझाकर चोटी गुह दी, फिर मेरी ओर देखकर कहा : 'मालतीमाला देना!' और फिर मालतीमाला को सुकुमार भाव से वेणी-मूल में लपेट दिया। उस निसर्ग-सुन्दर वधू के मनोहर रूप में चार चाँद लग गए। वेणी को धीरे-धीरे सहलाते हुए उन्होंने कहा : 'जानती हो गुह्यकेश्वरी, यह बाह्य त्रिवेणी है। यह महामाया की ओर से सौभाग्यवती वधू को दिया हुआ सर्वोत्तम उपहार है।' गुह्यकेश्वरी ने विस्फारित नेत्रों से जगज्जननी की ओर देखा। बोली : 'जरा समझाकर कहो माता!' त्रैलोक्यजननी पार्वती ने मन्द स्मित के साथ कहा : 'यह जो मेरुदंड है न, इसके मूल में, एक त्रिकोण शक्तिपीठ में, स्वयम्भू शिव विराजमान हैं, वहीं उन्हें साढ़े तीन वलयों में वेष्टित करके भगवती कुंडलिनी अधोमुखी होकर विराजमान हैं। ऊपर मेरुदंड के बीच इड़ा, पिंगला और सुषुम्ना नाड़ियों की त्रिवेणी है। मूलाधार में वह युक्त होकर निकलती हैं और मस्तक-स्थित सहस्रार के ठीक नीचे मुक्त वेणी के रूप में बिखर जाती हैं। अनेक साधना के बाद भगवती कुंडलिनी जाग्रत होकर इस त्रिवेणी-मार्ग को धन्य करती हैं। परन्तु महामाया ने सौभाग्यवती रमणी को यह बाह्य त्रिवेणी का वरदान दिया है। यह सहस्रार से आरम्भ होकर युक्त वेणी के रूप में चलती है और मूलाधार पर आकर मुक्त वेणी के रूप में बिखर जाती है। यह अद्भुत त्रिवेणी अनायास रमणी को वह सिद्धि देती है जिसके

लिए पुरुष को सैकड़ों प्रकार की कृच्छ्र-साधना करनी पड़ती है। मूलाधार से ऊर्ध्वगति होने के लिए भगवती कुंडलिनी कठिन आराधना चाहती हैं। सहस्रार में विराजमान परमप्रेयान् शिव से विमुख भगवती कुंडलिनी मानवती प्रिया के समान गर्विणी हैं। उनकी कुटिलता के कारण ही शिवजी उन्हें 'वामा' कहते हैं और साधक जन 'भुजंगिनी' कहते हैं। सौभाग्यवती रमणी के सहस्रार से उद्भूत यह अलक-त्रिवेणी बाह्य-भुजंगिनी है। चतुर दूतिका की भाँति यह उन्हें प्रिय के अनुकूल बनाती है। यही कारण है कि जो सामरस्य पुरुष के लिए अनेक कृच्छ्र तपों से भी दुर्लभ ही बना रह जाता है, वह सौभाग्यवती पतिव्रता को अनायास प्राप्त हो जाता है।'

"इतना कहने के बाद जगन्माता ने उस बालिका की ओर दृष्टि फेरी। उसकी वेणी-भुजंगिनी तब भी उन्हीं के हाथों में थी। उन्होंने फिर यत्नपूर्वक उस वेणी को सहलाया और बड़े दुलार से उसके कपोलों पर हल्का-सा आघात करके मन्द स्मित के साथ कहा : 'मेरे गुहने से नहीं होगा। जब तुम्हारा चहेता मंत्रचैतन्यपूर्वक गुहेगा, तब होगा। जा, भाग जा!'

"गुह्यकेश्वरी ने फिर आश्चर्य के साथ पूछा : 'मंत्रचैतन्य क्या होता है माता?' देवी ने कहा : 'जो भी मनन किया जाए, वही मंत्र है। पर ध्यान, धारणा और समाधि जब एक ही विषय पर निबद्ध हो जाती हैं तब मंत्रचैतन्य सिद्ध होता है। एक विषय का ध्यान, दूसरे की धारणा और तीसरे की समाधि मंत्र चैतन्य में बाधक होती है। जब पतिधर्मचारिणी का प्रिय ध्यान, धारणा और समाधि में एक ही विषय में समाहित होता है, तभी यह सिद्धि दोनों को प्राप्त होती है।' गुह्यकेश्वरी ने और अचरज की मुद्रा धारण की। बोलीं : 'अर्थात्?' और मेरी ओर स्नेह-भरी दृष्टि से देखकर बोलीं : 'अब तुम जा सकते हो वत्स!' मैं अनिच्छापूर्वक आज्ञा पालन किया। शायद मेरा पुराकृत पुण्य इतना प्रबल नहीं था कि मैं लोकजननी पार्वती के मुख से 'मंत्रचैतन्य' की व्याख्या सुन सकता, या शायद कुछ ऐसी बात थी जिसका मैं अधिकारी नहीं। जो भी हो, मैं मंत्रचैतन्य के ज्ञान से वंचित रह गया!

"पर मैंने एक बात गाँठ बाँध ली। पतिव्रता की वेणी को तीन धाराओं में विभाजित करके मालती-दाम से गुहना पति-धर्म है। मैंने कभी एक दिन के लिए भी इस प्रिय कर्तव्य के पालन में आलस नहीं किया। विवाह के बाद मेरा यह नित्यकर्म हो गया। हाय, आज आठ महीनों से मैं कर्तव्यच्युत हूँ, आठ महीने से सहस्रार की मुक्त वेणी नहीं बन सकी, आठ महीनों से यह शिवदूतिका भगवती कुंडलिनी को सामरस्य भाव की ओर लाने का प्रयत्न नहीं कर सकी। उस दिन प्रिया ने उसे जो एक लट में बाँधा सो बाँध ही दिया। कब इस दारुण शाप का अन्त होगा, कब मैं प्रिया की वेणी सँवार सकूँगा, कब असंयत दुर्ललित केश उसके कपोलप्रान्त पर अत्याचार करने से विरत होंगे, कब उसकी कमल-कोरक-सी उँगलियों पर असंयमित नखों का संस्कार होगा, कब मैं पति-धर्म की मर्यादा के पालन में समर्थ हूँगा! कब! कब! हाय मित्र!

आद्ये बद्धा विरहदिवसे या शिखा दाम हित्वा
शापस्यान्ते विगलितशुचा तां मयोद्वेष्टनीयाम्।
स्पर्श क्लिष्टामयमितनखेनासकृत्सारयन्तीं
गण्डाभोगात्कठिनविषमामेकवेणीं करेण॥ 29॥

"मित्र, उसने सब आभूषण त्याग दिये होंगे, इसलिए उसकी कोमल देहयष्टि निराभरण होकर और भी हल्की हो गई होगी। बार-बार दुःख के कठिन आघात सह-सहकर वह इतनी कमजोर हो गई होगी कि इस कृशकोमल शरीर को सँभाल रखना भी उसके लिए आयास की बात हो गई होगी। वह क्या ठीक से सो भी सकती होगी? मैं निश्चित जानता हूँ कि उसकी यह कृश-दुर्बल तनु-लता दुबकी हुई शय्या के एक किनारे पड़ी होगी। तुम्हें भी उसकी यह दशा रुला देगी। तुम नवजलमय अश्रु अवश्य बरसाओगे। मैं जानता हूँ, तुम आर्द्र अन्तःकरणवाले सहृदय हो, ऐसे लोग दूसरों का दुःख देखकर अवश्य पसीज जाते हैं। तुम्हारी बड़ी

करुण दशा होगी। उस दु:खिनी को देखकर तुम्हारे जैसा आर्द्रान्तरात्मा रोए बिना कैसे रह सकता है!

सा संन्यस्ताभरणमबला पेशलं धारयन्ती
शय्योत्सङ्गे निहितमसकृद्दु:खदु:खेन गात्रम्।
त्वामप्यस्रं नवजलमयं मोचयिष्यत्यवश्यं
प्राय: सर्वो भवति करुणावृत्तिरार्द्रान्तरात्मा॥ 30॥

"मैं ठीक नहीं कह सकता कि जगन्माता ने जो मंत्रसिद्धि की बात कही थी, वह क्या थी। क्या वह सिद्धि प्रिया को प्राप्त हो गई है? कैसे बताऊँ? परन्तु एक बात मुझे बहुत आश्चर्यजनक लगती है। मेरे अनेक युवक मित्र अपनी प्रियाओं के सरस विहार की बातें मुझे सुना जाते थे। वे बताया करते थे, किस प्रकार अवहित चित्त से उन्होंने अपनी प्रेयसियों के कपोलदेश पर सुन्दर और सुडौल मंजरियाँ अंकित की हैं, किस प्रकार कस्तूरिकातिलक से उनके मनोहर भाल-पट्ट को अलंकृत किया है। मैंने भी कपोलदेश पर सुन्दर मंजरी बना देने का प्रयत्न किया। परन्तु मुझसे वह कभी बन नहीं सकी। मैं जब तूलिका उठाता था तभी मेरे हाथों में कम्प उत्पन्न हो जाता, अंगुलि-प्रान्त स्वेदार्द्र हो उठते, और, और तो और, मेरे सारे शरीर में एक प्रकार की अवश जड़िमा आ जाती। तीन बार मैंने प्रयत्न किया और तीनों बार ऐसी ही दशा हुई। चौथी बार जब मैंने काँपते हाथों से तूलिका पकड़ी तो मेरी प्रिया ने मन्द-स्मित के साथ कहा : 'रहने दो, तुमसे नहीं होगा।' पर मैं सत्य कहता हूँ मित्र, दोष मेरा (अकेले का ही) नहीं था। चित्रकर्म के लिए चिक्कन मसृण आधार की आवश्यकता होती है। मुझे एक बार भी उसे प्राप्त करने का सौभाग्य नहीं मिला। हाथ में तूलिका ली नहीं कि प्रिया के कपोल-प्रान्त उद्भिन्न-केसर कदम्बपुष्प के समान रोमांचित हो जाते थे। ऐसी भूमि पर चित्र-कर्म कैसे हो सकता है? मैं अपने नव-विवाहित मित्रों के सौभाग्य से ईर्ष्या करता था। वे बड़भागी

हैं जिन्हें न कम्प होता है, न स्वेद आता है, न रोमांच-विषम कपोलप्रदेश की बाधा मिलती है। पर जब मैं हाथ में वेणी लेता हूँ, तो मुझे ऐसा कुछ अनुभव नहीं होता। मुझे प्रथम दिन ही बाह्य त्रिवेणी को मुक्त वेणी से युक्त वेणी में और युक्त वेणी से मुक्त वेणी में परिणत करने की सिद्धि मिल गई थी। क्या मंत्र-सिद्धि का कुछ अंश मुझे भी मिल गया था? कौन बताएगा?

"मुझे आशंका हो रही है कि तुम मेरी बात को अन्यथा तो नहीं समझ रहे हो? तुम्हारे चेहरे पर जो चपल स्मित-रेखा है, उसका अर्थ मैं समझ रहा हूँ। तुम कह रहे हो कि वाह दोस्त, संसार की सर्वश्रेष्ठ पतिव्रता के पति होने का गौरव लेना चाहते हो, 'सुभग' कहलाने का अच्छा रास्ता खोज निकाला है—सुभगे, जिसकी ओर रस-लुब्ध प्रेयसियाँ उसी प्रकार स्वयं आकृष्ट होती हैं जिस प्रकार भ्रमरावलियाँ उत्फुल्ल कुसुम की ओर आकृष्ट होती हैं! नहीं मित्र, मेरा मतलब ऐसा कुछ नहीं है। सुभग तो तुम हो। मैं विरह-व्यथा का मारा शापित-तापित अपने को 'सुभग' समझने का मिथ्या अहंकार कैसे धारण कर सकता हूँ? सुभगम्मन्य कोई और होते होंगे, मुझे गर्व के साथ अपने-आपको सौभाग्यशाली मानने वाला अधम जीव मत समझो। मैं तुम्हारी उस सखी—अपनी प्रिया—को ठीक-ठीक जानता हूँ, इसीलिए यह सब कह रहा हूँ। वह मुझे सचमुच प्यार करती है, जी भरकर प्यार करती है, इसीलिए मैं अनुमान से ऐसा कह रहा हूँ, कि वह ऐसी ही हो गई होगी। इसे सुभगम्मन्य सौभाग्य-गर्वित की वाचालता न समझो। मेरा हृदय कहता है कि वह कितनी आर्त है। शीघ्र ही तुम उसे देखने पर मेरी बात ज्यों-की-त्यों प्रत्यक्ष देखोगे। तुम उस समय अनुभव करोगे कि मैं जो कह रहा हूँ, उसमें रत्ती-भर की अतिरंजना नहीं है! आखिर यह उसका प्रथम विरह है—अननुभूत, अज्ञात, अप्रत्याशित!

जाने सख्यास्तव मयि मन: संभृतस्नेहमस्मा-
दित्थंभूतां प्रथमविरहे तामहं तर्कयामि।
वाचालं मां न खलु सुभगम्मन्यभाव: करोति
प्रत्यक्षं ते निखिलमचिराद्भ्रातरुक्तं मया यत्॥ 31॥

"तुम जब उसके पास पहुँचोगे तो उसकी आँखें फड़केंगी। शास्त्रकारों ने कहा है कि अत्यन्त प्रिय संवाद की सूचना आँखें देती हैं, ऊपर की ओर फड़ककर। यह शुभ शकुन है। न जाने विधाता का कैसा रहस्यमय विधान है कि प्रिय या अप्रिय बात कान तक पहुँचने के पूर्व अंगों में विशेष प्रकार के स्पन्दन होने लगते हैं। सुदूरस्थित प्रिय व्यक्ति के कुशल या अकुशल की सूचना पहले ही मिल जाती है। क्या यह इसीलिए होता है कि संसारव्यापी कोई एक ही चित्त है जो व्यक्तिचित्त के रूप में अभिव्यक्त और स्फुरित होता रहता है? अगर ऐसा न होता तो अनायास अंगों में स्पन्दन क्यों होने लगता? क्या यही शास्त्रकारों द्वारा बताए गए हिरण्यगर्भ की लीला है? मैं अज्ञ हूँ मित्र, मुझे ऐसा लगता है कि कोई विराट् चेतना अवश्य ब्रह्मांड-भर में व्याप्त है। एक व्यक्ति का चित्त यदि दूसरे व्यक्ति के चित्त के साथ एकतान हो सके, तो यह संवेदनशील विराट् चिति-शक्ति एक-दूसरे के भावों को सूक्ष्म भाव से अवश्य चालित करती है। अकारण उसमें पर्युत्सुकीभाव जाग पड़ता है। प्रिय के कुशल-संवाद से बढ़कर औत्सुक्य जाग्रत करनेवाली दूसरी वस्तु क्या हो सकती है? धन्य हो हिरण्यगर्भ, धन्य है तुम्हारी अपरम्पार लीला! मैं निश्चित जानता हूँ सखे, कि तुम जब निकट पहुँचोगे, तो तुम्हारी सखी के नयन भी ऊपर की ओर स्पन्दित होंगे। कैसे होंगे वे नयन? हाय, रूखे बालों के अत्याचार से उनके अपांग-वीक्षण की क्रिया अवरुद्ध हो गई होगी; दीर्घकाल से उनमें स्निग्ध काजल नहीं पड़ने से वे फीके हो गए होंगे और मेरे वियोग के कारण उसने उन्मादक मधुपान तो छोड़ ही दिया होगा; इसलिए मेरा परिचित चंचल भ्रू-विलास उन नयनों को भूल ही गया होगा। ऐसे ही करुणोत्पादक वे नयन तुम्हें दीखेंगे, परन्तु सब होने पर भी उनका सहज सौन्दर्य तो कहीं गया नहीं होगा। नील-कुवलय-दल-मोहिनी शोभा ज्यों-की-त्यों बनी होगी। हाय मित्र, जब वे बिखरे बालों से अवरुद्ध कटाक्षवाले, अन-आँजे नयन ऊपर की ओर फड़केंगे, तो उस नील-कमल की मोहिनी शोभा धारण करेंगे

जो चंचल मछलियों के ऊधम से चटुल हो उठता है। जब मैं मीन-क्षोभ से चटुल बने कुवलय (नीलकमल) की शोभा धारण करनेवाले नयनों की कल्पना करता हूँ, तो जी में अजब कचोट अनुभव करता हूँ।

रुद्धापाङ्गप्रसरमलकैरञ्जनस्नेहशून्यं
प्रत्यादेशादपि च मधुनो विस्मृतभ्रूविलासम्।
त्वय्यासन्ने नयनमुपरिस्पन्दि शङ्के मृगाक्ष्या
मीनक्षोभाच्चलकुवलयश्रीतुलामेष्यतीति ॥ 32 ॥

"जाओ मित्र, जाओ, उस शोभा को यदि देख सके तो कृतार्थ होगे, मैं शापित विरही तो केवल कल्पना के नेत्रों से देखकर ही सन्तोष कर रहा हूँ। हिरण्यगर्भ की लीला धन्य है। न जाने वह कितने अंगों में स्पन्दन उत्पन्न करती है! न जाने कितने गूढ़ संकेतों से वह प्रियचित्त में अहैतुक औत्सुक्य का संचार करती है! अगर यह न होता तो यह कैसे सम्भव था मित्र, कि शुभ संवाद की सूचना काक सुना जाते, छिपकली बता देती और आँगन के वृक्ष कम्प-व्याकुल अज्ञात वेदना से चंचल हो उठते? चराचर में यह विराट् चैतन्य का समष्टि चित्त कितने स्वरों में झंकृत होता रहता है, इसका कोई हिसाब नहीं है। शास्त्रकारों ने तो कुछ थोड़े-से शकुनों का उल्लेख-भर कर दिया है। प्रिय-कुशल-संवाद के ईषत् पूर्व ही नयन स्पन्दित हो उठते हैं, उरुदेश (जंघा) स्फुरित हो उठता है, मानो सुखद स्मृतियों का अजस्र भांडार बाँध तोड़कर निकल पड़ता है। धन्य हो हिरण्यगर्भ, तुम्हारी महिमा अपरम्पार है। मेरा चित्त विक्षुब्ध समुद्र की भाँति आज उत्तरंग है। प्रिया के गौर उरुदेश (जंघा) के स्पन्दन की बात सोचता हूँ, तो चित्त में हजार स्मृतियाँ उद्वेल हो उठती हैं। इन भाग्यहीन मेरी अँगुलियों ने न जाने अपने तीखे नाखून के अस्त्र से कितनी बार उन कोमल उरुयुगल पर अत्याचार किया है। हाय, आज उन पर मोतियों की लरवाली मनोहर करधनी भी न होगी। वे श्रान्त-शिथिल होने पर मेरी सेवा पाने के—संवाहन के—उचित

अधिकारी थे, आज वे भी निराभरण हो गए होंगे और अत्याचार और सेवा, दोनों से वंचित होकर कैसे-कुछ हो गए होंगे। मेरा चित्त उन्मथित है, मैं विवेक खो बैठा हूँ। हाय, मुलायम गोल कदली-स्तम्भ की भाँति वे मनोहर उरुयुगल! मगर छोड़ो इन बातों को। मेरे प्रमाद का बुरा न मानना। उनमें जो बायाँ है, वही स्पन्दित होगा। स्त्रियों का ऐसा ही होता है। उनके सौभाग्य की सूचना बायें अंग स्पन्दित होकर देते हैं। कहते हैं कि जब प्रथम बार निस्पन्द पराशक्ति में स्फोट हुआ था, तो जो वामावर्त घूमा था, वह वामावर्त अंकुश रूप में उन्मिषित हुआ। त्रिपुरसुन्दरी का वह अंकुश आयुधवाला रूप ही क्रमशः स्फोट-मार्ग पर अग्रसर होता हुआ संसार की सबसे सुकुमार, सबसे महनीय, सबसे कोमल वस्तु नारी रूप में अभिव्यक्त हुआ है। पिंड-व्यक्ति में वह वामा नाड़ी से चलकर सहस्त्रार में विराजमान शिव को दक्षिणावर्त-वेष्टित करने का प्रयास करती है। शायद यही कारण है कि यह जो वाम अंग है, जो महामाया के स्वायत्त पक्षपात से धन्य हुआ है, वही नारी के माङ्गल्य को व्यक्त करता है। मैं सरस कदली-स्तम्भ के समान उस गौरवर्ण वाली बाईं जाँघ में स्पन्दन की बात सोच रहा हूँ। जल्दी जाओ मित्र, जल्दी जाकर आद्या-शक्ति के प्रथम उन्मेष की शाश्वत लीला को प्रकट करने का निमित्त बनो।

वामश्चास्याः कररुहपदैर्मुच्यमानो मदीयै-
र्मुक्ताजालं चिरपरिचितं त्याजितो दैवगत्या।
सम्भोगान्ते मम समुचितो हस्तसंवाहनानां
यास्यत्यूरुः सरसकदलीस्तम्भगौरश्चलत्वम्॥ 33॥

"देर मैं ही कर रहा हूँ। तुम ठीक कह रहे हो, देर का कारण मैं ही हूँ। परन्तु एक बार सोच देखो, कितना नाजुक काम तुम्हें सौंप रहा हूँ। वह फूल से भी अधिक मुलायम है, किसलय से भी अधिक अदनार है और नवनीत से अधिक कोमल है। जरा सावधानी से काम नहीं लोगे, तो

अनर्थ हो जाने की आशंका है। मैं जानता हूँ कि तुम नहीं जानते, इसलिए तुम्हें बता देना मैं आवश्यक समझता हूँ। तुम चतुर हो, मुझे कोई सन्देह नहीं, पर मन नहीं मानता। यह मेरे दुर्बल चित्त की पाप-आशंका है, पर तुम इसका बुरा न मानना। यह केवल चैतिक दैन्य का निदर्शन भी समझ सकते हो। पर जब तक मैं तुम्हें ठीक-ठीक समझा न दूँ, तब तक मुझे चैन न मिलेगा। थोड़ा धैर्य रखो, मैं संक्षेप में एक-दो बात कहकर अपना छोटा-सा सन्देश बता दूँगा। फिर तुम तेजी से उड़ जाना।

"बात इतनी-सी ही है मित्र, कि जरा सावधानी से काम करना। अपने इस दुखिया मित्र की दशा देखकर हड़बड़ी न कर बैठना। हो सकता है, जिस समय तुम वहाँ पहुँचो, उस समय वह सो रही हो। शरीरधर्म ही तो है, नहीं तो उस विरह-विधुरा कोमलांगी को नींद कहाँ! मुझे भी क्या नींद आती है? लेकिन मैं नींद की बाट जोहता रहता हूँ। जरा-सी झपकी आई नहीं कि प्रिया का निसर्ग सुन्दर रूप स्वप्न में साकार हो उठता है। उसकी भी यही दशा होगी। हँसो मत, परिहास की बात नहीं है। उसे यदि जरा-सी नींद आ गई होगी तो निश्चय ही मुझे—प्रियतम को—स्वप्न में पा गई होगी। निश्चय ही स्वप्न में उसकी भुजलता स्वप्न-लब्ध प्रिय के गाढ़ आलिंगन में बँधी होगी। मित्र, उसे इस सुख से वंचित न होने देना। गरजना मत, कड़कना मत, पहर-भर चुपचाप रुके रहना। जानता हूँ, पहर-भर एक ही जगह चुपचाप पड़े रहने में तुम्हें बड़ा कष्ट होगा, पर किसी प्रकार सह लेना। यह बहुत जरूरी है। इतना कष्ट तुम सह ही रहे हो, तो थोड़ा और सही। मेरी यह चिरौरी याद रखना! चुपचाप निःशब्द रुके रहना; ऐसा न हो कि उसका यह सुख-स्वप्न टूट जाए, भुजलता की आलिंगनजन्य गाँठ छूट जाए।

तस्मिन्काले जलद यदि सा लब्धनिद्रासुखा स्या-
दन्वास्यैनां स्तनितविमुखो याममात्रं सहस्व।
माभूदस्याः प्रणयिनि मयि स्वप्नलब्धे कथंचि-
त्सद्यःकण्ठच्युतभुजलताग्रन्थि गाढोपगूढम्॥ 34॥

"देखो मित्र, वह बड़ी मनस्विनी है। एकाएक कोई परपुरुष उसकी ओर झाँके, तो वह नाराज हो जाती है। इसलिए भी तुम्हें बहुत चतुराई से काम लेना होगा। मैं जैसा बताता हूँ, वैसा करना। पहले तो अपनी जलकणिका से शीतल बने हुए वायु के द्वारा उसे धीरे-धीरे जगाना। शास्त्र में कहा है कि जो प्रभु हो, मानी हो, मनस्वी हो, वह अगर सोया है तो हड़बड़ाकर उसे नहीं उठाना चाहिए। बहुत धीरे-धीरे मृदुमर्दन से पैर चाँपना चाहिए, या वक्षस्थल पर मृदु-मन्द भाव से पंखा झलना चाहिए, या फिर हल्का-सा मधुर संगीत सुनाकर उठाना चाहिए। महारानियों की दासियाँ ऐसा ही करती हैं। शास्त्र का यह विधान मनस्विनी पतिव्रता स्त्रियों के लिए भी उसी प्रकार पालनीय है। मैं तुमसे ऐसा तो कैसे कहूँ कि तुम मृदु स्पर्श से उसके चरणों को धीरे-धीरे दबाना; विरह में मैं कितना भी विवेक खो बैठा हूँ तो भी मैं तुम्हारी और अपनी, दोनों की, मर्यादा का जानकार हूँ। परन्तु शीतल-व्यजन तुम्हारे जल-सीकरों से सिक्त वायु द्वारा आसानी से हो सकता है। इस मन्द और शीतल वायु में मालती-लता के पुष्पजाल की सुगन्धि तो अपने-आप मिल ही जाएगी। वह मालती-लता भी तो तुम्हारी प्रतीक्षा में मुरझाई पड़ी होगी—मूर्च्छित, निद्रित, सुप्त! तुम एक ही साथ दोनों को जगाना। वह वस्तुत: तुम्हारी सखी मालती-लता के पुष्प के समान ही सुकुमार है। तुम्हें एक साथ दो सुकुमार वस्तुओं को आश्वस्त करने का सुख मिलेगा। जब वह उठ जाए, उस समय अपनी बिजली को भीतर छिपा लेना। यदि इसकी चमक उसकी अलसायी आँखों पर पड़ेगी तो डर जा सकती है। खिड़की पर तुम्हें बैठा देखकर वह घबरा सकती है, उसकी आँखें मुँद जाएँगी। तुम्हें धीरे-धीरे अपने मृदु गर्जन के शब्दों में उस मानिनी से बात करनी होगा। इन बातों को याद रखना बहुत आवश्यक है। यदि तुमने धीर-भाव से यह काम नहीं किया, तो यह सारा कष्ट व्यर्थ हो जाएगा। एकदम अपरिचित को खिड़की पर बैठा देखकर न जाने उसकी कैसी हालत हो! न जाने उसके कोमल चित्त में कौन-सी

प्रतिक्रिया उत्पन्न हो! न जाने कौन-सी पापाशंका उसके चित्त को मथित कर दे! इसलिए मित्र, तुम्हें बड़ी सावधानी से काम लेना होगा। उसी अवसर पर तुम्हारी सारी चतुरता की परीक्षा होगी।

तामुत्थाप्य स्वजलकणिकाशीतलेनानिलेन
प्रत्याश्वस्तां सममभिनवैर्जालकैर्मालतीनाम्।
विद्युद्गर्भ: स्तिमितनयनां त्वत्सनाथे गवाक्षे
वक्तुं धीर: स्तनितवचनैर्मानिनीं प्रक्रमेथा: ॥ 35 ॥

"बहुत देर भी न करना। ज्योंही उसे अपनी ओर उन्मुख देखना, त्योंही मेरा सन्देश सुनाना आरम्भ कर देना। परन्तु सबसे पहले तुम्हें अपना परिचय दे देना होगा। मैं समझता हूँ कि तुम्हारा पहला वाक्य यह होना चाहिए कि 'हे सौभाग्यवती, मैं तुम्हारे पति का प्रिय मित्र मेघ हूँ।' ऐसा कहने से उसके चित्त से दो आशंकाएँ तुरन्त हट जाएँगी। पहली तो यह कि कहीं यह व्यक्ति कोई बुरी खबर तो नहीं लेकर आया है। ज्योंही तुम उसे सौभाग्यवती कहकर पुकारोगे, त्योंही उसकी यह आशंका मिट जाएगी। दूसरी आशंका यह, कि इतनी रात को चुपचाप किसी के घर में प्रवेश करने वाला कोई दुष्ट तो नहीं है, या चोर तो नहीं है, लेकिन जब तुम कहोगे, कि तुम उसके पति के प्रिय मित्र हो, तो वह आश्वस्त होगी। उसके चित्त में औत्सुक्य का भाव आएगा और आदर के साथ वह तुम्हारी ओर उन्मुख होगी। फिर तुरन्त तुम दूसरा वाक्य कहना : 'अपने हृदय में तुम्हारे प्रति तुम्हारे प्रेमी के दिये गए सन्देश को लेकर उपस्थित हुआ हूँ।' इसके बाद ही थोड़े शब्दों में तुम्हें यह भी बता देना होगा, कि तुम इस कार्य के सर्वथा उपयुक्त हो। तुम केवल सन्देशवाहक ही नहीं हो, विरही जनों के मिलन में संघटक भी हो। इसमें संकोच की कोई बात नहीं, आत्मश्लाघा की भी कोई बात नहीं है। जहाँ दुखी जनों के दु:ख दूर करने का प्रश्न है, वहाँ आत्मश्लाघामूलक आत्म-परिचय उचित ही नहीं, आवश्यक भी है।

अपरिचित वैद्य यदि रोगी को अपना परिचय न दे, तो उसके मन में विश्वास कैसे उत्पन्न कर सकेगा? ऐसे अवसरों पर आत्मश्लाघा लोकहितैषणा की सहायक होती है। उसमें कोई दोष नहीं है। इसीलिए कहता हूँ मित्र, कि तुम संकोच छोड़कर अपने बारे में इतना और कह देना, कि 'मैं वह हूँ जो प्रवास में गए, थके हुए, चलने में उत्साह खो बैठे हुए उन बटोहियों में—जो अपने घरों में विसूरती हुई प्रियाओं की लट बनी हुई वेणियों को खोलने के लिए उत्सुक बने होते हैं—नवीन उत्साह का संचार करता है। मेरी मन्द्र-स्निग्ध ध्वनि सुनकर उनकी नसों में स्फूर्ति आती है, मन में उमंग भर जाता है, पैरों में तेज चलने की शक्ति आ जाती है। जो विरह के मारे हुए हैं, और मिलन के लिए व्याकुल हैं; किन्तु जो राह चलते-चलते थककर चूर हो गए हैं, उनमें नई आशा, नई उमंग, नई स्फूर्ति भर देना मेरे मन्द गर्जन का ही करतब है। मैं पथ-क्लान्त प्रेमियों का सहारा हूँ और विरह-विधुर अबलाओं का साहस हूँ।' इसमें आत्मश्लाघा की कोई बात नहीं है। मित्र, तुम नहीं जानते, किन्तु मैं जानता हूँ कि इसमें रंचमात्र भी अतिरंजना नहीं है। तुम्हारा यह श्रवण-सुभग गर्जन वियोग-व्यथित चित्त में कितनी आशा और औत्सुक्य का संचार करता है, यह तुम नहीं जानते! तुम नहीं जानते कि तुम्हारे सम्पर्क से शीतल बनी वायु बीजों में अंकुरित होने की कैसी वेदना उत्पन्न कर देती है। सृष्टि के मूल में महाशिव की जो मूल सिसृक्षा है, उसको तुम निरन्तर मुखरित करते रहते हो, उन्मिषित होने के लिए व्याकुल करते रहते हो, और जहाँ कहीं भी चित्-शक्ति प्रसुप्त पड़ी होती है, वहीं उसमें आत्माभिव्यक्ति के लिए चांचल्य उत्पन्न कर देते हो। कोई नहीं जानता कि यह सब कैसे होता है; परन्तु होता है, यह सत्य है। तुम्हारे मन्द-मधुर गर्जन को सुनकर मैंने अनुभव किया है कि निश्चय ही कोई एक समष्टि-चित्त है जिस पर एक ही समान प्रतिक्रिया होती रहती है, और तदनुसार व्यक्ति-चित्त में अपनी-अपनी अवस्था और प्रकृति के अनुकूल उद्‌बुद्ध होने की शक्ति जाग्रत होती रहती है। शास्त्रों

में जिसे हिरण्यगर्भ कहा है, जो समस्त विश्वात्मा के समष्टि-चित्त का प्रतिरूप है, उसे तुम प्रत्यक्ष भाव से आन्दोलित-उल्लसित और व्याकुल करते रहते हो। हिरण्यगर्भ की लीला के तुम प्रमुख सूत्रधार हो। नहीं तो यह कैसे हो सकता, कि प्रसुप्त-से-प्रसुप्त अन्त:करण में आत्माभिव्यक्ति की एक ही व्याकुल लीला समस्त जगत में एक ही साथ चंचल हो उठती है! इसमें आत्मश्लाघा की कोई बात नहीं है। तुम्हें विधाता की ओर से यह वरदान प्राप्त हुआ है। इसीलिए कहता हूँ मित्र, कि तुम बिना किसी संकोच के अपनी सहज प्रकृति का परिचय अवश्य दे देना। इससे उस विरहिणी का विश्वास बढ़ेगा और मेरा सन्देश सुनने की अभिलाषा बढ़ेगी। मेरी बातों को पागल का प्रलाप मत समझ लेना; जिस क्रम से कह रहा हूँ, उसी क्रमसे कहना।

भर्तुमित्रं प्रियमविधवे विद्धिमामम्बुवाहं
तत्सन्देशैर्हृदयनिहितैरागतं त्वत्समीपम्।
यो वृन्दानि त्वरयति पथि श्राम्यतां प्रोषितानां
मन्द्रस्निग्धैर्ध्वनिभिरबलावेणिमोक्षोत्सुकानि ॥ 36 ॥

"जब तुम ऐसा कहोगे तो निश्चय ही जिस प्रकार हनुमानजी की ओर सीताजी ने बड़े चाव से आँखें उठाई थीं, उसी प्रकार वह भी उच्छ्वसित हृदय होकर आदरपूर्वक तुम्हारी ओर देखेगी। सौम्य, तुम नहीं जानते कि तुम एक ही साथ कितनी आशाओं और आकांक्षाओं को उस विरहिणी के चित्त में उत्पन्न कर दोगे। यह तो तुम जानते ही हो, कि स्त्रियों के लिए अपने प्रिय का कुशल-संवाद और प्रेम-सन्देश, मिलन से थोड़ा ही कम होता है। केवल उसमें स्थूल मृण्मय संयोग की कमी आ जाती है; नहीं तो अन्त:करण का चिन्मय मिलन ज्यों-का-त्यों प्राप्त होता है। इस चिन्मय मिलन का माहात्म्य मैं जानता हूँ। केवल स्थूल दृष्टिवाले बचकाने विचार के भोंडे रसिक ही चिन्मय मिलन का रहस्य नहीं समझ पाते। वही महामाया

के वास्तविक चिन्मय रूप की अभिव्यक्ति है, स्थूल मिलन तो उसी को पाकर धन्य होता है। जहाँ अन्तस्तल में चिन्मय औत्सुक्य का अभाव है, जहाँ भीतर की प्रत्येक चेष्टा अन्तर्निहित चैतन्य से चालित और आन्दोलित नहीं है, वहाँ स्थूल मिलन का कोई महत्त्व नहीं है। तुम्हारी मन्द्रध्वनि से अन्तःस्थित चिन्मय देवता व्याकुल हो जाते हैं और वही व्याकुलता सच्चे प्रेम का मूल मंत्र है। इसलिए कहता हूँ मित्र, कि प्रिय का संवाद और प्रेम का सन्देश स्थूल मिलन से थोड़े ही कम हैं। स्थूल मिलन उसकी अन्तिम परिणति है; चिन्मय मिलन ही उसका मूल-रूप है। वही महामाया की चेतन-प्रक्रिया है और वही हिरण्यगर्भ की वास्तविक लीला है।

इत्याख्याते पवनतनयं मैथिलीवोन्मुखी सा
त्वामुत्कंठोच्छ्वसितहृदया वीक्ष्य संभाव्य चैवम्।
श्रोष्यत्यस्मात्परमवहिता सौम्य सीमन्तिनीनां
कान्तोदन्तः सुहृदुपनतः संगमात्किंचिदूनः ॥ 37 ॥

"हे आयुष्मन्, मेरे कहने से, और परोपकार करने की भावना से अपने को कृतार्थ करने के उद्देश्य से तुम उससे इस प्रकार कहना कि 'हे अबले, तुम्हारा बिछुड़ा हुआ साथी रामगिरि के आश्रम में सकुशल है और तुम्हारी कुशल जानना चाहता है।' इतना शुरू में ही कह देना बहुत आवश्यक है। देखो मित्र, विपत्ति मनुष्य के लिए बड़ी सुलभ वस्तु है, वह अचानक आ सकती है और अकारण भी आ सकती है। दूर बैठा हुआ प्रियजन निरन्तर सोचता रहता है कि हमारे प्रिय पर कोई विपत्ति तो नहीं आई; वह कुशल से तो है, कहीं किसी प्रकार के विघ्न का तो शिकार नहीं हो गया, किसी कठिनाई में पड़कर दुःख तो नहीं पा रहा है! विरही प्राणी के चित्त में पाप-आशंकाएँ निरन्तर उठा करती हैं। इसलिए और कुछ करने के पहले उसे यह बता देना आवश्यक है कि उसका प्रिय सकुशल है, उस पर कोई विपत्ति नहीं आई। फिर जो लोग अत्यन्त कोमल-चित्त

के हैं, उनके मन को आश्वस्त करने के लिए कुशल-संवाद पहले कह देना ही उचित है। यदि सन्देशवाहक कुशल-वृत्तान्त कहने में थोड़ा भी विलम्ब करे, तो न जाने उसके मन में कौन-सी आशंका आ उपस्थित हो। वह मूर्च्छित हो सकती है, विपन्न हो सकती है, इसलिए कुशलवाली बात पहले कहना आवश्यक है।

तामायुष्मन्मम च वचनादात्मनश्चोपकर्तुं
ब्रूयादेवं तव सहचरो रामगिर्याश्रमस्थ:।
अव्यापन्न: कुशलमबले पृच्छति त्वां वियुक्त:
पूर्वाभाष्यं सुलभविपदां प्राणिनामेतदेव॥ 38॥

"अब मेरा सन्देश सुनाना। मेरा कुशल-संवाद सुनकर वह आश्वस्त हो गई होगी। सँदेशा क्या है मित्र, मैं विरह से व्याकुल हूँ, इसमें तो केवल दु:ख-ही-दु:ख का रोना है। मेरे कष्टों की गाथा सुनाकर तुम उस कोमल चित्त को और भी अधिक दुखी बनाओगे। लेकिन यह भी भुवनमोहिनी की लीला का एक अद्भुत रहस्य है कि यद्यपि विरही जन अपने प्रिय के कुशल-संवाद के लिए अत्यन्त चिन्तित होते हैं, तथापि उन्हें यह जानकर प्रसन्नता होती है कि उनका प्रिय भी उन्हीं के समान व्याकुल है, चित्त-वैक्लव्य का आखेट बना हुआ है। उसे यदि यह मालूम हो जाए, कि उसका प्रेमी राग-रंग में मस्त है तो उसकी पीड़ा बढ़ जाती है; और उसे मालूम हो जाए, कि उसका प्रेमी वियोग में व्याकुल है, कातर है, तो उसे सुख मिलता है। इसके क्या यह नहीं सिद्ध होता कि प्रत्येक व्यक्ति अपने चित्त के समानान्तर चित्त को देखकर सुखी होता है? व्यक्ति-चित्त के इस दुहरे रूप को तुम क्या कहोगे? भुवनमोहिनी के प्रत्येक इंगित में न जाने कितने रहस्य भरे हुए हैं; बुद्धि-व्यापार उसे समझने में एकदम असमर्थ है। इसलिए तुम्हें मेरी व्याकुलता का सन्देश कहने में हिचकना नहीं चाहिए। कहना, कि हे सौभाग्यवती, तुम्हारे दूर बैठे हुए बिछोही प्रिय का मार्ग

बैरी विधाता ने रोक रखा है। इसलिए वह तुमसे मिल भले ही न सके, परन्तु अपने दुर्बल अंगों को देखकर तुम्हारे दुर्बल अंग की बात समझ सकता है। अपनी गाढ़तम जलन से तुम्हारी तपन का अनुमान कर सकता है; अपनी निरन्तर बढ़ती हुई अश्रुधारा से तुम्हारे नयनों से झरती रहनेवाली निरन्तर अश्रुधारा को समझ सकता है; अपने उत्कंठित चित्त से तुम्हारी अहर्निश जगती हुई उत्कंठा का अन्दाजा लगा सकता है; अपने निरन्तर उठते हुए उष्ण उच्छ्वासों से तुम्हारे उच्छ्वासों की बात समझ सकता है। परन्तु हाय, वह बहुत दूर है इसलिए तुम्हारे सामीप्य का सुख नहीं प्राप्त कर सकता। परन्तु नित्य नवीन-नवीन संकल्पों से वह तुम्हारे अन्त:करण में नित्य प्रवेश करता रहता है। उसका विश्वास है कि तुम संकल्पों का अनुभव कर रही होगी। बैरी विधाता केवल स्थूल मार्गों को रोक सकता है, सूक्ष्म मानस-संकल्पों को वह कैसे रोक सकेगा? प्रिये, तुम अपने चित्त की गति से मेरे चित्त की गति को आसानी से समझ सकती हो। मेरे अन्त:करण के संकल्प नि:सन्देह तुम्हारे अन्त:करण में स्पन्दित होते होंगे!

अङ्गेनाङ्गं प्रतनु तनुना गाढतप्तेन तप्तं
साम्रेणाश्रुद्रुतमविरतोत्कण्ठमुत्कण्ठितेन।
उष्णोच्छ्वासं समधिकतरोच्छ्वासिना दूरवर्ती
संकल्पैस्तैर्विशति विधिना वैरिणा रुद्धमार्ग:॥ 39॥

"मैं अपनी अवस्था तुमसे क्या निवेदन करूँ! एक वह जमाना था, जब तुम्हारे प्रिय को तुमसे कोई ऐसी भी बात कहनी होती थी, जो तुम्हारी सखियों के सामने जोर-जोर से कहने में कोई संकोच नहीं होता, जो सहज भाव से सहज ही कही जा सकने योग्य होती, तो उसे भी तुम्हारा प्रिय तुम्हारे कान में कहता था! क्यों कहता था? तुम्हारे सुन्दर मुख के स्पर्श करने के लोभ से। स्पर्श करने का कोई बहाना ढूँढ़ निकालना ही उसका उद्देश्य होता था। अब तुम अपने उस प्रिय की न तो बात सुन सकती

हो, न उसे आँख भरकर देख ही सकती हो। तुम्हारा वही प्रिय मेरे मुँह से उत्कंठा में विरचित इन शब्दों को तुम्हारे पास कहता है।

शब्दाख्येयं यदपि किल ते यः सखीनां पुरस्ता-
त्कर्णे लोलः कथयितुमभूदाननस्पर्शलोभात्।
सोऽतिक्रान्तः श्रवणविषयं लोचनाभ्यामदृष्ट—
स्त्वामुत्कण्ठाविरचितपदं मन्मुखेनेदमाह॥ 40॥

"प्रिये, मैं श्यामा लताओं में तुम्हारा शरीर, भीत-चकित हरिणी की आँखों में तुम्हारी मोहिनी चितवन, पूर्ण चन्द्र-मंडल में तुम्हारे मुख की सुन्दर छाया, मयूरों के बर्ह-भार में तुम्हारे केशों का अनुपम सौन्दर्य, और नदी की हल्की तरंगों में तुम्हारे भ्रू-विलास की लीला देखा करता हूँ। परन्तु हाय प्रिये, एक स्थान पर तुम्हारा सादृश्य कहीं भी नहीं मिलता। प्रिये, चंडि, तुम कोपनस्वभावा हो; एक ही स्थान पर तुम्हारा सम्पूर्ण सौन्दर्य पाना सम्भव नहीं। हाय प्रिये!"

श्यामास्वङ्गं चकितहरिणीप्रेक्षणे दृष्टिपातं
वक्त्रच्छायां शशिनि शिखिनां बर्हभारेषु केशान्।
उत्पश्यामि प्रतनुषु नदीवीचिषु भ्रूविलासान्
हन्तैकस्मिन्क्वचिदपि न ते चण्डि सादृश्यमस्ति॥ 41॥

चंडी—कोपन-स्वभावा! यक्ष की आँखों से अश्रुधारा अविरल गति से बहने लगी। यह मेघ क्या इस बात को समझ पाएगा? किसी दिन नारद मुनि ने पितृगृह गई हुई पार्वती को शिव से लड़ा देने का संकल्प किया। बोले : 'तुम तो यहाँ बैठी हो, वहाँ शिव ने विचित्र लीला शुरू की है! एक बड़ी ही सुन्दर स्त्री को हृदय में धारण किया है। तुम्हें यहाँ भेज दिया है और वहाँ नित्य रासलीला रचा रखी है।' पार्वती को क्रोध हुआ, ईर्ष्या हुई और वे रहस्य का पता लगाने चलीं। सहज-कोपनता ने उन्हें और भी रमणीय बना दिया। फिर उन्होंने भुवनमोहिनी का रूप धारण किया।

भक्त लोग उसी त्रैलोक्य-मनोज्ञ रूप को 'त्रिपुर-सुन्दरी' कहा करते हैं। वे जब भगवान् शंकर के पास पहुँचीं तो क्या देखा? भगवान् कर्पूरगौर कान्ति से दमक रहे हैं। सिद्धासन बाँधकर अपूर्व भाव-मग्न समाधि में आसीन हैं। त्रिपुर-सुन्दरी की छाया उनके कपाट के समान गौर वक्ष:स्थल में प्रतिफलित हुई। त्रिपुर-सुन्दरी की भृकुटियाँ तन गईं। उन्होंने समझा, यही वह स्त्री है जिसे शिव ने हृदय में छिपा रखा है। उनके मुख पर ईर्ष्या, कोप और असूया के कारण जो तमतमाहट हुई, वह तपाए हुए कुन्दन की भाँति गाढ़ ताम्र वर्ण की शोभा में बदल गई। छाया में भी यह प्रतिक्रिया दिखी, लेकिन रंग और भी श्यामल हो गया था। छाया ही तो थी! भवानी का चंड रूप और भी चंडतर होकर उनकी छाया में अतिक्रमित हुआ। उनके कोप व्याकुल रूप को देखकर समाधि से उठे हुए शिव ने शान्त स्वर में पूछा : 'क्या बात है देवि!' देवी के मुख पर क्रोध का भाव और भी गाढ़ हो आया। उन्होंने कड़क के पूछा : 'तुम्हारे हृदय में यह कौन स्त्री?' शिव ने हँसकर उत्तर दिया : 'तुम्हारी छाया!' देवी गल गईं। उन्हें नारद का परिहास समझ में आ गया। भक्तों में वह छाया 'त्रिपुरभैरवी' के नाम से पूजित होती है। उसने भगवती के कोपन स्वभाव को उद्दीप्त किया था, बुद्धि को मोहग्रस्त बनाया था। तब से महाशक्ति की यह सहज-कोपना लीला नारी-सौन्दर्य को खिलाती आई है, प्रेम की जीर्णता को झाड़ती आई है, अनुराग के हृदय में विक्षोभ की तरंगें उकसाती आई है। हाय, मेघ क्या यह सब समझ सकेगा? कोमल भाव से उसने फिर अपना सँदेशा कहा :

"हे सुन्दरि! तुम्हारे प्रणय-कुपित रूप को पर्वतशिलाओं पर गेरू के रंग से चित्रित करता हूँ और तुम्हें मनाने के लिए जब अपने-आपको तुम्हारे चरणों पर डाल देने का प्रयास करता हूँ, तो उस समय बार-बार उमड़ते हुए आँसू मेरी दृष्टि-शक्ति को लोप कर देते हैं। हाय, क्रूर कृतान्त चित्र में भी हमारा-तुम्हारा मिलन नहीं सह सकता।

त्वामालिख्य प्रणयकुपितां धातुरागैः शिलाया-
मात्मानं ते चरणपतितं यावदिच्छामि कर्तुम्।
अस्त्रैस्तावन्मुहुरुपचितैर्दृष्टिरालुप्यते मे
क्रूरस्तस्मिन्नपि न सहते सङ्गमं नौ कृतान्तः॥ 42॥

"प्रिये, जब कभी मैं तुम्हें स्वप्न में देखता हूँ और निर्दय भाव से आलिंगन करने के लिए अपने हाथ ऊपर फैलाता हूँ, उस समय वन-देवियाँ भी मेरी दशा पर तरस खाकर मोती के समान बड़े-बड़े अश्रु-बिन्दु वृक्षों के किसलयों पर प्रायः ढुलका देती हैं। मेरी इस दयनीय दशा से उनका भी चित्त द्रवित हो उठता है; उनकी भी आँखों से अश्रु टपक पड़ते हैं और वे भी दयार्द्र होकर व्याकुल हो उठती हैं।

मामाकाशप्रणिहितभुजं निर्दयाश्लेषहेतो-
र्लब्धायास्ते कथमपि मया स्वप्नसन्दर्शनेषु।
पश्यन्तीनां न खलु बहुशो न स्थलीदेवतानां
मुक्तास्थूलास्तरुकिसलयेष्वश्रुलेशाः पतन्ति॥ 43॥

"हे गुणवती, हिमालय की ओर से जो हवा दक्षिण की ओर चलती है; जो देवदारु द्रमों के किसलय-पुट को भेद करने के कारण उसके क्षरित दुग्ध से सुगन्धित बनी होती है और हिमालय की तुषार-राशि के स्पर्श से शीतल बनी रहती है, उसे भी मैं हृदय से लगाता हूँ—इस आशा से कि इसने तुम्हारे अंगों का स्पर्श किया होगा और मैं भी कथंचित् उसका स्पर्श पाकर धन्य हो सकूँगा।

भित्वा सद्यः किसलयपुटान्देवदारुद्रुमाणां
ये तत्क्षीरस्रुतिसुरभयो दक्षिणेन प्रवृत्ताः।
आलिंग्यन्ते गुणवति मया ते तुषाराद्रिवाताः
पूर्वं स्पृष्टं यदि किल भवेदङ्गमेभिस्तवेति॥ 44॥

"हे चपलनेत्रे, मैं मन-ही-मन यह मनाया करता हूँ कि रात्रि के लम्बे-लम्बे तीन प्रहर किसी तरह क्षण-भर के समान हो जाएँ, और दिन की तपिश हमेशा के लिए मन्द हो जाए, परन्तु मेरी यह दुर्लभ इच्छा कभी पूरी नहीं होती; और उस पर तुम्हारी वियोग-व्यथा के द्वारा पैदा हुई विरह की यह कड़ी आँच मुझे कहीं का नहीं रहने दे रही है। मैं समझ नहीं पा रहा हूँ कि कहाँ जाऊँ, किसकी शरण लूँ, कौन मुझे इससे बचाएगा! हाय प्रिये, मुझे इस जलन ने अशरण बना दिया है। ऐसा जान पड़ता है, जैसे मैं अनाथ हो गया हूँ! न कोई सहारा देनेवाला है, न ढाढ़स ही।"

संक्षिप्येत क्षण इव कथं दीर्घयामा त्रियामा
सर्वावस्थास्वहरपि कथं मन्दमन्दातपं स्यात्।
इत्थं चेतश्चटुलनयने दुर्लभप्रार्थनं मे
गाढोष्माभि: कृतमशरणं त्वद्वियोगव्यथाभि: ॥ 45 ॥

इतना कहने के बाद यक्ष ने दीर्घ नि:श्वास लिया कि यह मैं क्या कह रहा हूँ! ये सारी बातें क्या प्रिया के कोमल चित्त को और भी नहीं झुलसा देंगी? मेरे इस दैन्य की कहानी सुनकर वह क्या और भी व्याकुल नहीं हो उठेगी? यह भी कोई बात हुई! अपने इस दु:ख की गाथा सुनाकर मैं क्या कुछ ऐसा नहीं कर रहा हूँ जो पहले ही व्याकुल चित्त को और भी उन्मथित कर दे, और भी विक्षेप-कातर बना दे, और भी हाहाकार का शिकार बना डाले?

"ठहरो मित्र, यह मैं अनुचित कर रहा हूँ। मेरी दीन असहायावस्था को सुनकर वह विक्षिप्त हो जाएगा। तुम उससे ऐसा कहना कि हे कल्याणि, तुम्हारे निरन्तर चिन्तन से मेरी कोई हानि नहीं हो सकती, क्योंकि तुम कल्याणमयी हो। तुम्हें सदा अपने चित्त में प्राप्त करते रहना परम कल्याण का हेतु है। मैं सोच-विचारकर अपने हृदय को ढाढ़स भी बँधा लेता हूँ, इसीलिए तुम मेरे बारे में अधिक चिन्ता न करना। तुम्हारी जैसी संजीवनी

बूटी मेरे चित्त में निरन्तर कल्याण को उद्‌बोधित करती रहती है। हे मंगलमयि, मैं तुम्हारी बातों के स्मरण से ढाढ़स पाता हूँ, तुम्हारा चिन्तन ही मेरा शरण-दाता है। तुम मेरे लिए अधिक दुखी न होओ। जिस चित्त में तुम्हारा निवास है, वह अपना सहारा आप ही है, इसमें कातर होने की कोई बात नहीं। व्याकुल मत होना प्रिये! दुनिया में ऐसा कौन है जिसे सदा सुख ही मिलता है और फिर ऐसा भी कौन है जिसे एकान्त दुःख ही मिलता रहता हो? गाड़ी के पहिये के चक्के के समान मनुष्य की दशा कभी ऊपर उठती है, कभी नीचे गिरती है।

नन्वात्मानं बहु विगणयन्नात्मनैवावलम्बे
तत्कल्याणि त्वमपि नितरां मा गमः कातरत्वम्।
कस्यात्यन्तं सुखमुपनतं दुःखमेकान्ततो वा
नीचैर्गच्छत्युपरि च दशा चक्रनेमिक्रमेण॥ 46॥

"प्रिये, शीघ्र ही भगवान् विष्णु नाग-शय्या से उत्थित होंगे। कार्तिक शुक्लपक्ष की एकादशी अब बहुत दूर नहीं है। उसी दिन भगवान् विष्णु समस्त देवताओं के साथ निद्रा-लीला से मुक्त होते हैं, इसीलिए समस्त भुवन में वह तिथि देवोत्थानी एकादशी के नाम से प्रसिद्ध है। उसी दिन मेरे शाप का अवसान हो जाएगा। शेष चार महीने किसी प्रकार आँख मूदकर बिता देने हैं। फिर तो हम दोनों वियोग-काल में सोची हुई सारी अभिलाषाओं को पूरा करेंगे। उस समय कार्तिक की शुक्लपक्ष की रात्रियाँ शरत्कालीन चन्द्रमा की सुहावनी किरणों से भास्वर बनकर प्रकट हुई रहेंगी, और हमारे चित्त का अभिलाष-तरंग उनके साथ अपना पूर्ण सागंजस्य स्थापित कर लेंगी। आठ मास बीत गए तो चार मास और बीत ही जाएँगे।"

यक्ष ने मेघ के चकित मुखमंडल की ओर देखा। समझ गया कि मेघ क्या सोच रहा है। अभी तो आषाढ़ का प्रथम दिवस है। कार्तिक के शुक्लपक्ष की एकादशी के आने में निश्चित रूप से चार से अधिक महीने लगेंगे।

"तुम ठीक कह रहे हो मित्र, परन्तु जब तक तुम अलकापुरी पहुँचोगे, तब तक आषाढ़ शुक्लपक्ष की एकादशी अवश्य आ गई रहेगी। उस दिन मेरे शाप के केवल चार ही महीने बाकी रहेंगे। जो विरहिणी एक-एक क्षण और एक-एक मुहूर्त गिनकर दिन काट रही है, उसे यथासमय विरह-काल की सीमा को कम करके बताना ही उचित है। तुम आज से हिसाब मत करो। जिस दिन पहुँचोगे, उस दिन से हिसाब करना ठीक होगा। चार मास, सिर्फ चार मास!"

शापान्तो मे भुजगशयनादुत्थिते शाङ्‍र्गपाणौ
शेषान्मासान्गमय चतुरो लोचने मीलयित्वा।
पश्चादावां विरहगुणितं तं तमात्माभिलाषं
निर्वेक्ष्याव: परिणतशरच्चन्द्रिकासु क्षपासु॥ 47॥

सँदेशा तो कह दिया गया। परन्तु इतनी बात तो कोई छलिया भी जाकर कह सकता है। कवि लोग कल्पना करके तो नित्य ही विरहियों की दशा का चित्रण किया करते हैं। यक्ष ने सोचा कि बुद्धिमती यक्षपत्नी मेघ को कहीं वंचक न समझ ले। क्या सबूत है कि सचमुच ही यह उसके पति के पास से ही आ रहा है? घर में अनायास घुस जानेवाले वंचकों को तो बात बनाने की कला खूब आती है। वहीं, मेघ को कोई चिह्न देना होगा, कोई सहिदानी देनी होगी। कुछ ऐसा अभिज्ञान देना होगा जो निश्चित रूप से सिद्ध कर सके कि यह मेघ उसके पति के यहाँ से आ रहा है। कोई ऐसी बात, जिसे दो ही व्यक्ति जानते हैं : यक्ष और उसकी प्रिया।

यक्ष ने मेघ से कहा : "मित्र, तुम इतना और कह देना। कहना कि हे अबले, तुम्हारे प्रिय ने यह भी कहलाया है कि एक बार जब तुम मेरे गले से लगी हुई शय्या पर सो रही थीं, उस समय तुम अचानक जोर से चिल्ला पड़ीं और सिसकी भरकर रोती हुई जाग पड़ीं। जब मैंने बार-बार रोने का कारण पूछा तब तुमने आनन्द की हँसी को अपने भीतर ही रोक

लिया, मैंने केवल तुम्हारे अधरों पर लगी हुई हल्की स्मित-रेखा से ही अनुमान लगाया। उस दबी हुई ईषद् विकसित मन्द मुस्कान के साथ तुमने कहा कि 'छलिया, मैंने स्वप्न में देखा कि तुम किसी दूसरी स्त्री के साथ रमण कर रहे हो, इसीलिए एकाएक रो पड़ी।'

भूयश्चाहं त्वमपि शयने कण्ठलग्ना पुरा मे
निद्रां गत्वा किमपि रुदतो सस्वनं विप्रबुद्धा।
सान्तर्हासं कथितमसकृत्पृच्छतश्च त्वया में
दृष्टः स्वप्ने कितव रमयन्कामपि त्वं मयेति॥ 48॥

"हे चकितनयने, इस सहिदानी से ही तुम समझ लेना कि मैं सकुशल हूँ। दूसरों के कहने से मेरे ऊपर अविश्वास मत कर बैठना। न जाने लोग क्यों कहा करते हैं कि वियोग-काल में प्रेम क्षीण हो जाता है! ऐसा कहनेवाले न तो प्रेम का सच्चा स्वरूप ही जानते हैं, न विरह के अद्भुत उन्नायक गुणों का स्वरूप ही। सच्ची बात तो यह है कि जब मनचाही वस्तु नहीं मिलती, तभी उसके पाने के लिए चित्त की व्याकुलता बढ़ जाती है। रस उपचित होने लगता है और प्रेम राशीभूत होकर समृद्ध हो उठता है। रम्य वस्तु के प्रति देखते रहने की जो असाधारण चाह है, उसे ही प्रेम कहते हैं। उसकी चिन्ता को 'अभिलाषा' कहते हैं। उसी का संग पाने की बुद्धि को 'राग' कहते हैं। उसकी ओर ढरक पड़ने की क्रिया को 'स्नेह' कहते हैं। उसके वियोग को सहन न कर सकने की दुर्बलता प्रेम कहलाती है। यह सब तो बिछोह की अवस्था में ही दीप्त और भास्वर होकर प्रकट होते हैं। जो कहते हैं कि विरह में प्रेम क्षीण हो जाता है, वे प्रेम के वास्तविक स्वरूप को नहीं जानते। विरह राशीभूत प्रेम का प्रेरक है, उसका माहात्म्य अपरम्पार है।

एतस्मान्मां कुशलिनमभिज्ञानदानाद्विदित्वा
मा कौलीनाच्चकितनयने मय्यविश्वासिनी भूः।
स्नेहानाहुः किमपि विरहे ध्वंसिनस्ते त्वभोगा-
दिष्टे वस्तुन्यपचितरसाः प्रेमराशीभवन्ति॥ 49॥

"हे मेघ, प्रथम विरह के उत्कट शोक से व्याकुल बनी हुई अपनी उस सखी को आश्वस्त करने के बाद उसे ढाढ़स बँधाकर और उसका कुशल-समाचार और पहचान लेकर तुम जल्दी ही मेरे पास लौट आना। लौटना आसान नहीं है। भगवान् त्रिलोचन के महावृषभ के द्वारा जिस कैलास पर्वत की चोटियाँ उखाड़ दी गई होंगी, उसके भुवनमोहन गौरव और रूप को देखकर जल्दी लौट आना सरल नहीं है। फिर भी तुम पर्वत से लौटना अवश्य। मुझे भी तो ढाढ़स दिलाना है मित्र, मेरा भी तो प्राण व्याकुल है। प्रात:काल खिले कुन्द-कुसुम के समान यह भी शिथिलवन्त हो गया है, कभी भी चू पड़ सकता है। इन प्राणों की रक्षा करना भी तो तुम्हारा कर्तव्य है। इसलिए कह रहा हूँ कि लौटना यद्यपि कठिन है, तथापि भगवान् त्रिलोचन के वृषोत्खात कूट शैल से लौटना अवश्य। वहीं रम न जाना। अपने इस दुखी मित्र के प्राणों की रक्षा का भी ध्यान रखना।

आश्वास्यैवं प्रथमविरहोदग्रशोकां सखीं ते
शैलादाशु त्रिनयनवृषोत्खातकूटान्निवृत्त:।
साभिज्ञानप्रहितकुशलैस्तद्वचोभिर्ममापि।
प्रात: कुन्दप्रसवशिथिलं जीवितं धारयेथा: ॥ 50 ॥

"हे सौम्य, तुमने अपने इस बन्धु का यह काम करना स्थिर कर लिया न! तुम्हारे मन में कोई दुविधा तो नहीं है? मेरे इस प्रश्न का यह मतलब न समझना कि मैं तुमसे कोई प्रतिवचन चाहता हूँ। तुम्हारी धीरता और परोपकार बुद्धि के विषय में मुझे रंचमात्र भी सन्देह नहीं है। खूब अच्छी तरह जानता हूँ मित्र, कि पपीहे जब तुमसे जल माँगते हैं तो चुपचाप तुम उन्हें जल दे देते हो। वहाँ किसी प्रकार के प्रतिवचन और प्रतिज्ञा की कोई आवश्यकता नहीं होती। यह तो सज्जनों की रीति ही है कि जब कोई उनसे किसी बात की याचना करता है तो वे काम पूरा करके ही उत्तर देते हैं। मैं जानता हूँ कि तुमसे प्रतिवचन लेने की कोई आवश्यकता नहीं, तुम मेरा काम अवश्य करोगे। इतना मैं अवश्य कहना चाहता हूँ कि मैं अपने को

अपराधी समझ रहा हूँ। तुम्हारे जैसे महान् मित्र से इस प्रकार का दौत्य कर्म कराना अपराध नहीं तो क्या है? मैं अपनी प्रार्थना का अनौचित्य समझ रहा हूँ। घर से इतनी दूर इस रामगिरि पर कोई और दिखाई भी तो नहीं देता! चाहे मित्रता के नाते, चाहे मेरे विरहकातर चित्त पर तरस खाकर मेरा इतना-सा काम अवश्य कर देना। फिर तुम मस्तमौला हो, यथेच्छ घूमा करते हो : न ऊधो का लेना, न माधो का देना! तुम्हारे जैसे फक्कड़ से कोई काम कराना, तुम्हें निश्चित अवधि के बन्धनों में बाँधना बड़ा ही अनुचित है, लेकिन मेरी लाचारी की ओर देखो, मेरे अशरण भाव पर दृष्टि डालो, और अपने परोपकार-व्रत का ध्यान करो। बन्धन में थोड़ा पड़ना अवश्य है। इतना-सा काम कर लेने के बाद तुम मौज में जहाँ चाहो, घूमो। जिन देशों को देखना चाहो, देखो एवं मस्ती और उल्लास की जिन्दगी बिताओ। मैं प्रतिदान में तुम्हें दे ही क्या सकता हूँ! मेरे पास केवल कातर चित्त की कृतज्ञता है। मैं केवल भगवान् से निरन्तर यही प्रार्थना कर सकता हूँ कि मुझ पर जो बीत रही है, वह तुम पर कभी न बीते। तुम्हारी इस विद्युत्प्रिया के साथ तुम्हारा कभी वियोग न हो। परमशिव तुम्हारी समृद्धि दिन दूनी रात चौगुनी बढ़ाते रहें और तुम्हारी अंकशायिनी विद्युल्लता क्षण-भर के लिए भी तुमसे अलग न हो।"

कच्चित्सौम्य व्यवसितमिदं बन्धुकृत्यं त्वया मे
प्रत्यादेशान्न खलु भवतो धीरतां कल्पयामि।
नि:शब्दोऽपि प्रदिशसि जलं याचितश्चातकेभ्य:
प्रत्युक्तं हि प्रणयिषु सतामीप्सितार्थक्रियैव॥ 51॥

एतत्कृत्वा प्रियमनुचितप्रार्थनावर्तिनो मे
सौहार्दाद्वा विधुर इति वा मय्यनुक्रोशबुद्ध्या।
इष्टान्देशाञ्जलद विचर प्रावृषा संभृतश्री-
र्मा भूदेवं क्षणमपि च ते विद्युता विप्रयोग:॥ 52॥

मेघदूतस्य सौष्ठवम्

येन संजीवितं काव्यं दुर्व्याख्याविषमूर्च्छितम्।
सुकवेः कालिदासस्य मल्लिनाथं नमामि तम्॥ 1॥

शास्त्रैकमतिना तावत् सुधीया तेन सूरिणा।
नामूलं लिखितं किंचित् नानपेक्षितमेव वा॥ 2॥

त्यक्तं शास्त्रार्थविदुषा त्वीषन्मूलं रसान्वितम्।
स्तोकानपेक्षितं चाथ विदग्धजनवांछितम्॥ 3॥

रससारं सुगूढार्थं यथामति विचिन्वता।
शास्त्रज्ञानविहीनेन व्योमकेशेन शास्त्रिणा॥ 4॥

निबद्धा विमला व्याख्या रसभावैकदृष्टिना।
स्वान्तःसुखसमाहर्त्र्या श्लक्षणया लोकभाषया॥ 5॥

क्व कालिदासस्य गिरः गूढार्था रसनिर्भराः।
क्व चाल्पविषया हास्य मुग्धाऽज्ञानवती मतिः॥ 6॥

अहो सुमहदस्त्यस्य मेघदूतस्य सौष्ठवम्।
यद्गुणैः कर्णमागत्य चापलाय प्रलोभ्यते ॥ 7 ॥

सरसेन सभावेन श्रद्धया चालितेन च।
अनेनागल्भयत्नेन प्रीयतां रसिकोत्तमः ॥ 8 ॥

✪